견디지
말자

견디지 말자

허봉기

코람데오

머리말

코로나 바이러스 팬데믹이 예상보다 길어서
유배 수준으로 집에 갇혀 사는 것이 답답했다.
심심풀이로 페이스북을 열어 짧은 글을 썼다.

찬양교회에서 22년 반, 은퇴하며
그 글들을 묶어 고마운 마음을 담아
사랑하는 교우들께 바친다.

견디지 말자 CONTENTS

머리말 • 5

제1부
모자라도 행복했다

이런 사십 년 • 19
두 번에 맞으면 어때서 • 20
아비보다 낫다 • 21
그래서 어렵다 • 22
해묵은 후회 • 23
선생님 말씀이 옳았다 • 24
자유 • 25
다 보여 주지 말자 • 26
견해 차이 • 27
차라리 서서 가자 • 28
개만도 못하다 • 29
허똑똑이를 바라며 • 30
나 죽었소 • 31
어설픈 걷기 예찬 • 32

품위 · 33
여행 · 34
돌격, 미래를 향하여 · 35
미쳐야 미친다 · 36
유일하게 이성적인 행동 · 37
애들도 안다 · 38
모자라도 행복했다 · 39
일단 버려라 · 40
말만 좀 곱게 해도 · 41
내가 누군데 · 42
예, 우리 땅입니다 · 43
살다 죽는 일 · 44
비벼야 달라진다 · 45
여정 · 46
비정 · 47
그게 왜 보리밥이야? · 48
여전히 아름다운 세상 · 50
슬픔이 슬픔에게 · 51
쓸데없이 위험하게 살지 말자 · 52
크게 될 뻔했다 · 54
자기 세계가 있는 이방인 · 56

CONTENTS

하루를 짧게 살기 • 57
입맛 • 58
주는 대로 먹는다 • 59
싫지만 무섭지 않다 • 60
자기만의 시선으로 • 62
은퇴 후 삼락 • 63
추우니까 겨울이다 • 64
도대체 뭐 하자는 영어인가 • 66
음악은 척추에서 나온다 • 67
부실하게 놀이하는 인간 • 68
소니가 주는 기쁨 • 69
들으려면 보아야 한다 • 70
꼴값하지 말자 • 71
다시 태어난다면 • 72
커피에 대한 예의 • 73
웃통 벗고 싸운다 • 74
바보가 되고 싶어요 • 75
사랑 타령 • 76
있을 게 없는 세상 • 77
환대와 홀대 사이에서 • 78
그리움 • 79

잘한 게 없어서 · 80
우리 집안 명장면 · 81
작은 사치 · 82
손글씨가 좋다 · 83
돈이 되는 것도 아닌데 · 84
어제의 나와 다툰다 · 85

제2부

내 눈에만 예쁜 여자

신념의 폐해 · 89
일관성을 넘어서 · 90
통합적인 삶 · 91
안타깝고 슬픈 일 · 92
살다 보면 · 93
시기하지 않기로 하다 · 94
나도 내 마음대로 · 95
모든 경계에는 꽃이 핀다 · 96
그럼 됐습니다 · 97
변하지 않는 것 · 98

CONTENTS

Just do it · 100
지나친 몸조심 · 101
변하는 사회보다 더 많이 변하기 · 102
내 눈에만 예쁜 여자 · 103
진작에 21세기다 · 104
웃어넘기라 · 106
당신 발을 감싸라 · 108
비슷한 듯 다르다 · 109
3인칭의 대해로 가라 · 110
전후 관계를 따질 게 아니다 · 111
장사 안 되는 가게는 있을 수 없다 · 112
사소한 동작의 비범함 · 114
안 해 봐서 하는 소리 · 115
말에 팔리지 말라 · 116
그 많은 시간은 다 어디로 갔을까 · 118
점수 매기지 말라 · 119
셈법 · 120
다른 세상에서 함께 살기 · 121
나는 내가 아니다 · 122
피로 사회 · 123
많아도 많지 않다 · 124

아, 마리아 • 125

흐르는 복 • 126

반복이 기적을 낳는다 • 128

행복의 경제학 • 129

독수리는 무리 지어 날지 않는다 • 130

울지 마라, 울긴 왜 울어 • 132

매뉴얼을 잘 읽으리라 • 133

세상에서 가장 어려운 산수 • 134

긍정의 오아시스 • 135

동메달이 더 행복하다 • 136

묘한 게으름 • 137

물고기에게 미안하다 • 138

가출 혹은 출가 • 140

맞지 않고 때릴 수는 없다 • 142

쓸모없는 선물 • 144

손을 잘라 몸을 구한다 • 145

너무 피곤해서 꿈꾸는 세상 • 146

두루 어우러져서 • 147

바지는 곤란하다 • 148

없이 살기 • 149

답 없는 답을 찾아 일가를 이루다 • 150

CONTENTS

최악의 조건을 반기라 · 151
그들 사이 · 152
넓고 깊게 파라 · 153
봄 난장 · 154
무명의 편안함 · 155
팬데믹의 벽 앞에서 · 156
저항 없는 전진? · 157
십자가 장식 · 158
유식한 만큼 무식하다 · 160
훈수 요령 · 161
고양이는 고양이다 · 162
철없는 불평 · 163
날씨처럼 · 164
풍경 · 165
견디지 말자 · 166
순수해야 하나 순진해서는 안 된다 · 167

제3부

쿨한 사이

일관성에 기대어 · 171
멀어도 멀지 않다 · 172
그분의 이름으로 불리고 싶다 · 173
운칠기삼 · 174
선교의 진보성 · 176
잘생긴 아들 · 177
무차별로 사랑하라 · 178
이래서 믿는다 · 179
낳고, 또 낳고 · 180
신앙은 신념 이상이다 · 181
자녀 됨과 자녀다움 사이 · 182
피차에 좋은 일 · 183
우니까 슬프다 · 184
프랙틀 · 185
내 잘못이 아니다 · 186
유쾌한 도사 · 187
다시 돌아나라고 · 188
껌도 기도하냐? · 189

CONTENTS

가난이 복인가 • 190
행복은 능력이다 • 191
복잡하면 안 된다 • 192
너나없이 불쌍한 인간 • 193
나만 잘 믿어서 될 일이 아니다 • 194
그러니 사자가 되어라 • 195
그들은 시간을 믿는다 • 196
눈물나는 선물 • 198
몸이 알도록 • 200
세상과 다른 마을 • 201
기적이 필요한 세상 • 202
자아 실현? • 203
주님은 선한 목자가 아니다 • 204
다루기 나름 • 205
쉬지 않으면 죽인다 • 206
신앙의 과학 • 207
가끔 충만 • 208
너나 잘하세요 • 209
명장면 • 210
말씀이 삶을 꿰뚫고 • 212
이끌기와 따라가기 • 213

해답은 하나다 · 214

사차원적 인간 · 216

찰떡같이 알아듣는다 · 218

머리가 모르면 몸이 알게 하라 · 220

기도의 능력과 즐거움을 알게 하소서 · 221

구교와 신교 차이 · 222

교회가 다시 잘될 수 있을까 · 223

천만다행이다 · 224

쿨한 사이 · 225

사람은 무엇으로 사는가 · 226

어느덧 마지막 날이다 · 227

브니엘의 아침 · 228

그래도 주님이 은혜 베푸시는 곳 · 229

답을 알면 뭐 하나 · 230

살 만큼 살다가 · 231

현재의 눈으로 과거를 보다 · 232

그 하나는 무엇일까 · 234

강해서가 아니다 · 235

제1부

모자라도
행복했다

이런 사십 년

　교우 중에 한 형제님은 주일을 제외한 40년을 단 하루도 거르지 않고 매일 한 시간씩 걸었다. 눈이 와도 걸었고, 비가 오면 우산을 쓰고 걸었다. 변명을 인정하지 않는 것이 비결이라고 했다. 부인에게 어떻게 그렇게 꾸준할 수가 있느냐고 했더니 자기도 남편을 따라 걸은 지 10년이 넘었다고 했다. 모르긴 몰라도 그분들은 아직도 여전히 45년쯤을 그러고 있을 것이다. 젊은이 혈색으로 사람 좋은 얼굴을 하고….

두 번에 맞으면 어때서

친구 목사가 내게 들려준 이야기다. 그 집 아들이 어릴 적에 아빠에게 자전거를 사 달라고 했다. 아빠가 치사하게 "100점 맞으면 사 준다"고 말했다. 아들이 듣기에 사 주지 않겠다는 말과 크게 다를 바 없었다. 아이가 시무룩한 표정을 지으며 물러가더니, 이내 밝은 얼굴로 다시 나타나서 아빠에게 물었다. "아빠, 두 번에 맞으면 안 돼?" 그 이야기를 듣고 내가 말했다. 그런 놈은 무조건 사 줘야 한다고, 이 시대에는 그런 애가 크게 된다고….

아비보다 낫다

부목사 시절에 교우에게 들은 초등학생 아들 이야기다. 영남이는 시험을 치를 때 잘못 알아서 틀리는 것은 어쩔 수 없지만 잘 알지 못하면서 요행을 바라고 답하는 것은 옳지 않다고 생각했다. 사람이 모르는 것은 모른다고 해야 한다는 것이 그 아이의 신조였다. 빈칸 채우기 문제에서 두 칸짜리 문제의 답을 알지 못하면 빈칸에 '모름'이라고 적었다. 세 칸은 '모른다', 네 칸은 '모릅니다', 다섯 칸은 '모르겠어요', 여섯 칸은 '모르겠습니다'였다.

내 아들이 초등학교 1학년 때, 채점한 시험지를 받아 왔다. 틀린 것을 지적했더니 아는데 실수했다고 했다. 나는 아들을 가르친답시고, 알고 틀리든 모르고 틀리든 사람들은 네가 몰라서 틀린 것으로 여긴다, 그러니 아는 것은 실수하지 말아라, 당부했다. 예상하지 못한 답이 돌아왔다. 내가 알면 됐지, 사람들이 어떻게 생각하든 그게 뭐가 중요하냐고. 민망했다. 대체로 아이들이 어른들보다 나은 것 같다. 적어도 우리 집 그늠은 아비보다 낫다.

그래서 어렵다

누군가를 사랑하자면 어떻게 해야 할까. 다른 사람을 더 사랑하기 위하여 나를 덜 사랑하는 것 외에 나는 다른 길을 알지 못한다. 그래서 어렵다.

해묵은 후회

고등학교를 갓 졸업했을 때이니까 고려 말 이야기다. 삼십 대에 과부가 된 어머니가 "아무래도 복권을 한 장 사야 하는 게 아닌가 싶다"고 하셨다. 당첨금 천만 원의 주택복권이었던 것 같다. 복권 맞으면 백만 원만 달라고 했더니, 백만 원을 어디에 쓰려고 하느냐고 오십만 원만 하라고 하셨다. 계속해서 백만 원을 고집했다. 어머니가 단호하게 말씀하셨다. "그러면 안 살 거야." 그날 이후로 우리는 복권과 무관한 집이 되었다. 어머니 생각을 하다가 '오십 만 원 덜 받을 걸 그랬나?' 해묵은 후회를 했다.

선생님 말씀이 옳았다

옛날 생각이 초등학생 시절까지 거슬러 올라가는 것을 보면 나도 적당히 늙은 게 틀림없다. 나는 선생님들이, 학교 앞에서 파는 음식을 싸잡아 불량 식품이라고 하는 것을 이해할 수 없었다. 맛있고 아무 문제 없어 보이는데 왜 선생님들은 입을 맞추어 나쁘게 말하는 것일까. 선생님 말씀이라고 다 옳지는 않을 거라는 이유 있는 불량기가 발동한 것이 그때부터일 것이다. 지금 와서 생각해 보니 선생님 말씀이 옳았다. 필시 대장균이 우글거렸을 질척한 도마에 꽂힌 옷핀으로 해삼을 찍어 먹고는, 깨끗하다 할 수 없는 적은 양의 물에 한 번 휘저어 다시 도마에 꽂아 놓고는 했다. 그런 걸 먹고도 이렇다 할 인명 손실 없이 대부분이 살아남은 것은 기적이라고 봐야 한다. 요즘 아이들에게 그런 음식을 먹이면 절반은 죽을 거라는 게 내 생각이다.

자유

젊은 객기가 심리학자 웨인 다이어의 책 소제목을 만난 것이 잘못이라면 잘못이었다. "남의 칭찬 따위는 필요 없다." 그날 이후로 나는 사람들의 기대에 부응하는 일과 기대를 무시하는 일 사이를 왔다리 갔다리 하며 살고 있다. 박수갈채 없이 메마른 길을 몇 리나 걸을 수 있겠는지 자신에게 묻기도 했다.

윌로우크릭교회 컨퍼런스에서 존 오트버그 목사에게 비슷한 이야기를 들었다. "설교자는 청중의 필요를 알아야 한다. 한편으로 설교자는 그것을 무시할 수 있어야 한다." 청중이 원하지 않는 것, 원할 수 없는 것을 줄 수 있어야 한다는 말이겠다. 회중의 기대를 넘어다녀야 한다.

남들에게 인정받는 사람이 아니라 내가 되고 싶은 사람이 되려는 것은 쉬운 일이 아니다. 나이를 더 먹어 더는 아쉬운 것이 없어지면 다른 사람들의 시선에서 자유로운 사람이 되려나. 니코스 카잔차키스의 묘비명이 일러 주듯, 자유는 아무것도 바라지 않는 것과 무관하지 않다.

다 보여 주지 말자

몸이 드러나는 옷을 입고 외출하는 딸에게 말했다. "예내야, 너무 많이 보여 주는 거 아니야?" 딸의 반응, "아빠, 이거 많이 보여 주는 거 아니야." 출처를 알지 못하는 말을 벽에 붙여 놓고 무시로 바라보고 있다. "Be more. Seem less." 굳이 옮기자면, '존재를 더 풍성히 하고 드러내기를 적게 하라'쯤 되겠다. 잘난 나를 사람들이 왜 잘난 척한다고 하는지 모르겠다는 사람과 공유하고 싶은 말이다. 한때, 아는 것을 다 말하지 말자고 다짐한 적이 있었다. 아는 게 별로 없으니 번번이 아는 것을 다 말하지 않을 수 없었다. 다행히 내가 아는 것을 다른 사람이 먼저 말할까 봐 조바심치며 살지는 않은 것 같은데, 그것도 따지고 들면 전혀 아니라고 말하기 어렵겠다. 내가 잘난 것에 꼭 다른 사람들의 동의가 필요한 것이 아니지 않은가. 할 수 있다면 적게 드러내면서 내 멋에 겨워 살고 싶다.

견해 차이

알버트 슈바이처가 아프리카에 병원을 세우고 환자를 보는 중에 식인종을 만났다. "어떻게 사람이 사람을 잡아먹을 수 있느냐?"고 물었다. 그가 되물었다. "어떻게 당신들은 먹지도 않으면서 사람을 죽일 수가 있느냐?" 유럽에서 전쟁이 한창일 때였다.

내가 자란 교회 후배 여자애가 자기는 애 재우는 데 귀재란다. 자기가 자장가를 부르면서 어르면 대체로 한 절이 끝나기 전에 아이가 무너진다고 했다. 내가 말했다. "얼마나 지겨우면 서둘러 자는 게 낫다고 생각했겠냐."

담임목사로 부임하여 얼마 되지 않아 교회 건축을 논의할 즈음, 새벽기도회 때 내가 말했다. "다 그럴 필요는 없지만 교회가 건축을 한다고 하면 집 파는 사람도 한둘 있어야 말이 되고…." 집으로 돌아오며 아내가 말했다. 왜 그런 이야기를 하느냐고, 이제 우리 집은 다 샀다고. 내가 말했다. "살 수 있어. 사야 팔 거 아니야."

차라리 서서 가자

김용택 시인이었던 것 같다. 버스에 서서 가며 누가 곧 내릴지 살피다 보면 바깥 풍경을 놓치게 되더란다. 그래서 그는 평생 서서 가기로 마음을 정했다. 서서 갈 작정으로 자리에 신경 쓰지 않으니 밖을 내다보는 여유를 손해 보지 않게 되었다.

20대 초반에 폐결핵을 앓았다. 오후가 되면 몸을 가누지 못할 정도로 피곤했다. 버스에서 자리를 얻으면 그렇게 좋을 수가 없었다. 자리 복이 없었는지 번번이 그 장면에 노인네가 등장했다. 몸이 힘들어도 자는 척하는 것보다는 나았으므로 자리를 양보했다. 늙는 게 특권인 양 고맙다는 말없이 당연하게 자리를 차지하면 마음이 상했다. 내가 어떤 자리를 내어 준 건데…. 같은 일이 거듭되며 생각했다. 좋은 일 하고 이게 무슨 결말인가. 자리를 양보하는 것은 내 할 일이고, 감사하고 감사하지 않고는 상대방의 일인데, 어쩌자고 나는 오지랖 넓게 다른 사람 일까지 신경을 쓰고 있는가. 노인이 접근하면 차에서 내리는 사람처럼 벌떡 일어나 뒤도 돌아보지 않고 다른 데로 갔다. 그분들에게 나는 내리는 사람이었으므로 감사 표시는 당연히 전혀 없었다. 그렇게 해서 나는 몸과 마음이 함께 피곤한 경우를 간신히 면했다.

개만도 못하다

개를 키우면서 놀랐다. 평소에 먹는 것을 무척 밝히면서도 몸이 아프면 밥을 거들떠보지도 않는다. 아픈데도 악착같이 먹는 짐승은 사람밖에 없다. 몸에 이상이 있을 때 굶으면 자연치유력이 높아진다고 한다. 아프면 입맛이 떨어지는 까닭이다. 아플 때 열이 나는 것은 면역체계가 적극적으로 가동된 결과이지만, 체온이 높아져야 우리 몸의 기능이 활성화되기 때문이기도 하다. 설사는 유해한 물질을 황급히 배출하지 않으면 안 될 때 생기는 현상이다. 몸살은 무엇인가. 미련한 인간이 저 죽는 줄 모르고 계속 움직이다가 큰일 당하는 것을 막기 위한 긴급조치이다. 하나님이 배려하신 순리를 따라가는 것이 지혜다. 억지로 먹고, 강제로 열을 내리고, 지사제를 복용하고, 서둘러 일어나는 것은, 바삐 움직이지 않으면 안 되는 인간이 조치한 어리석음이다. 불편해야 할 때는 불편해야 한다.

헛똑똑이를 바라며

"미친년 널뛰듯 어지러운 나라." 오감도의 시인 이상이 느낀 당시의 나라 꼴이다. 가짜 뉴스와 흑색선전이 난무하는 세상이다. 모두가 서슴지 않고 한 마디씩 난장을 거들고 있다. 도대체 세상이 어떻게 돌아가는 건지 알 수가 없다. 내가 무엇 하나를 바라고 하나님께 얻을 수 있다면 목사로서 사랑이 그럼직하다고 생각했다. 이제는 사물을 바로 보는 눈 밝은 목사가 되고 싶다. 허나, "당신들은 똑똑한 것이 부끄럽지 않은가." 최근에 신문에서 읽은 질타가 떠오르니 이를 어쩌나. 헛똑똑이가 너무 많다.

나 죽었소

　결혼식 말씀 중의 일부였으니까 내 입에서 나온 말인 것은 분명한데, 내 머리에서 나온 건지 다른 데서 빌려 온 것인지 잘 모르겠다. "연애가 시라면, 결혼은 소설이다. 연애가 낭만이라면, 결혼은 현실이다. 연애가 낭만을 사랑하는 것이라면, 결혼은 현실을 사랑하는 것이다. 연애가 상대방의 좋은 점을 받아들인 것이라면, 결혼은 상대방을 통째로 받아들이는 것이다." 해 놓고 보니 내 말이 아니지 싶다.
　다음은 결혼식을 주례하며 하도 많이 인용해서 달리 좋은 말이 그렇게 없냐고 아내에게 타박을 받은 말이다. "장례식이 한 사람이 죽어 땅에 묻히는 의식이라면, 결혼식은 두 사람이 죽어 서로에게 묻히는 의식이다." 결혼식은 장례식 못지않게 비장한 의식이다. 잔 그레이의 말에 따르면, 결혼이 화성에서 온 남자와 금성에서 온 여자가 지구에서 함께 사는 일이라는데 마냥 좋을 리가 있겠는가. 황홀한 부부 관계의 꿈이 여전하다면 '나 죽었소' 할 일이다.

어설픈 걷기 예찬

　날마다 한 시간 걷기, 두 달이 지났다. 장딴지가 조금 단단해졌다. 저작이 261권에 이르는 강준만 교수가 '글쓰기에는 걷기가 필수'라고 한 것에 동의한다. 무심히 걷기도 하고 생각하며 걷기도 하는데, 걸으면서 이런저런 생각이 많이 떠오른다. 그래서 지나간 시대에 이름을 낸 철학자 중에 산책을 즐기는 걷기 예찬론자가 많았나 보다. 오죽하면 독일 하이델베르크에는 아예 '철학자의 길'이 다 있을까. 헤겔, 야스퍼스, 하이데거가 산책하던 길이다.

　요쉬카 피셔는 정치적인 입지가 무너진 데다 이혼이 겹쳐 48세에 인생이 거덜났다. 너무 스트레스를 받아서 닥치는 대로 먹는 바람에 몸무게가 112kg으로 불었다. 새벽마다 달리기로 마음을 먹었다. 일 년 안에 37kg을 감량하고 마라톤을 완주할 수 있는 몸을 만들었다. 몸 따라 마음이 새로워지면서 마침내 재기하여 독일의 부총리가 되었다. 나는 요즈음 몸을 부려서 정신을 움직이는 법을 배우고 있는 셈이다.

품위

동료 목사들과 요르단을 여행할 때, 페트라 못지않게 깊은 인상을 준 초등학생이 있다. 헤롯의 여름 궁전, 세례 요한이 목 베인 곳으로 알려진 곳에 들렀을 때다. 바람이 심하게 불어 날이 추웠다. 대강 둘러보고 서둘러 버스로 내려왔더니 요르단 아이가 아무 말 없이 따뜻한 차를 한 잔 따라 주었다. 차를 주고는 돈에 전혀 관심이 없는 사람처럼 돌아서서 다른 이에게 차를 따라 주었다. 목사들이 그 아이를 따라다니며 돈을 주지 않으면 안 되었다. 일 불짜리 한두 장을 주면 무심한 표정으로 받았다. 관광지마다 꾀죄죄한 아이들이 손을 내밀며 '원 돌라'를 외치는 것을 풍경처럼 본 내게 그건 대단히 경이로운 광경이었다. 그 아이를 보면서 품위를 생각했다.

여행

고단하나 가슴 부푼
그 때 나이 스물 일곱
폐병에서 놓인 지 한 해 만에
서울서 부산까지 자전거 여행을 했다.
서울을 빠져 나가며 부산 가는 길을 물었다.
사람들이 황당해했다. 그래서 그 뒤로는
부산을 생각하며 천안 가는 길을 물었다.
그 사람들이 보기에 나는 천안 가는 사람이었겠지만
나는 그보다 훨씬 더 멀리 갈 속셈이었다.
나는 당신들이 생각하는 것보다 더 멀리 가려고 한다.

돌격, 미래를 향하여

　요즈음은 인생살이가 정호승 시인의 '허허바다' 딱 그 분위기다. "… 찾아가 보니 찾아온 곳 없네/ 돌아와 보니 돌아온 곳 없네/ 다시 떠나가 보니 떠나온 곳 없네/ 살아도 산 것이 없고/ 죽어도 죽은 것이 없네/ 해미가 깔린 새벽녘/ 태풍이 지나간 허허바다에/ 겨자씨 한 알 떠 있네…." 망망한 바다에 짙은 안개가 끼어 앞이 보이지 않는다. 다행히 새벽이다. 모르지 않았지만, 엎어치기 하기에는 세상이 너무 버겁다. 과거는 갔고 미래는 아직 오지 않았다. 두렵고 헛헛하다. 전문가들의 말이 옳다면, 이미 모양이 정해진 미래가 우리가 당도하기를 기다리고 있는 게 아니다. 우리가 어떻게 사느냐에 따라 우리가 맞닥뜨릴 미래의 모습이 결정될 것이다. 앞서서 미래의 공격을 당할 것인지, 미래를 향하여 진격할 것인지 태도를 결정해야 한다. 보자, 공격이 최선의 방어라고 했던가.

미쳐야 미친다

　불광불급이라는 말이 있거니와 무엇에건 미치면 누구나 웬만큼 해낼 수 있다. 엔간히 잘하는 것은 누구에게나 가능하다. 아무나 피아니스트가 될 수는 없겠지만, 자기가 즐기고 남이 들어줄 정도로 피아노를 치는 것은 누구나 할 수 있다. 사람마다 프로 골퍼가 될 수는 없어도, 꽤 그럴듯한 수준으로 골프 경기를 하는 것은 누구에게나 가능한 일이다. 대부분의 역량은 소원 여부와 그 정도에 달려 있다. 꼭 하고 싶은 것은 무엇이나 할 수 있다. 옅은 소원이 박약한 의지를 불러오고, 그렇게 되면 하고 싶어도 하지 못하는 일이 자꾸 쌓이게 된다. 다시는 내게 나타나 소원 행세를 하지 못하도록 조만간 소원 하나를 격파하려 한다.

유일하게 이성적인 행동

고등학교를 졸업하던 해에 아들이 한 말이다. "엄마, 더미(멍청이)들이 학교는 좋은 데 가는 거 있지." "더미들이 어떻게 좋은 대학에 가냐?" "성적이 좋았거든."

신학교를 졸업하자마자 동기 중에 여러 사람이 힘든 곳을 선택해 떠났다. 선교의 문이 막 열린 몽골로, 인도네시아 선교사로, 원주 외곽의 시골로, 지리산 오지 마을로 들어갔다. 이른바 최고 명문대 출신들이었다. 그 뒤에 출간된 미치 앨봄의 '모리와 함께 한 화요일'에서 스승이 인용한 레비의 말을 생각나게 하는 장면이었다. "사랑만이 유일하게 이성적인 행동이다." 과장됐으나 지당한 말이다. 그들은 주님을 사랑하고, 주님이 사랑하시는 이들을 사랑했다. 대통령 선거에 이런 구호가 다 있었다. "대충 생각하면 이회창이지만, 잘 생각해 보면 노무현이다." 그 친구들은 똑똑한 머리로 잘 생각한 모양이다.

애들도 안다

신앙생활이 시큰둥해졌다고 교회에 오지 않는 교우 가정을 방문했다. 이야기를 마치고 나오는데 초등학교 저학년 아들이 인사하길래 내가 물었다. "너는 교회 어떠냐?" 더러 재미있고 더러 지루하다고 했다. 내가 말했다. "It is life." 그 애가 대답했다. "I know." 인생은 본래 그런 거다. 애들도 안다. 내 딸이 재미가 없어서 학교에 가기 싫다고 하자, 오빠가 말했다. "예내, School is school." 학교가 그런 거지. 인생이 그렇듯이….

모자라도 행복했다

텍사스 소도시에서 작은 교회를 목회할 때다. 예배 반주를 하던 자매가 남편이 학위를 마치자 교회를 떠났다. 능숙하지 않은 고등학생이 그 일을 맡았다. 미리 연습했는데도 예배 중에 힘들게 반주를 하다가 결국은 중단하고 울었다. 광고 시간에 내가 말했다. "초롱아, 울지 마라. 그래도 네가 우리 중에서 피아노를 가장 잘 치니까 네가 반주하는 거다. 나도 설교를 잘하는 편이 아니지만 우리 중에서는 내가 가장 잘하니 내가 설교하는 거고." 이렇게 저렇게 모자라는 사람들이 서로를 격려하며 행복하던 시절이었다.

일단 버려라

어머니는 가난한 세월을 헤쳐 오신 분이라 그런지 무엇이건 버리는 것을 주저하셨다. 이사할 때마다 주장이 엇갈렸다. 나는 버리면 생긴다고 믿었고, 어머니는 새것이 생기기 전에 헌것을 버리면 안 된다는 생각이 몸에 배인 듯했다. 어머니를 팔아서 잘난 척하는 아들 꼴이 됐지만, 그러고 보면 나는 가난해도 겁이 없었다. 철이 없었다고 해야 할지 모르겠다. 원리가 그렇지 않은가. 1루에서 발을 떼지 않고는 2루를 훔칠 수 없다. 베드로가 잠시라도 물 위를 걸으려면 먼저 뱃전에서 내려서야 한다. 앞뒷문으로 타고 내리던 시절, 버스는 승객이 내린 뒤에 다른 승객이 타면 떠났다.

말만 좀 곱게 해도

그 옛날에 시외버스는 손님이 내리고 타도 바로 떠나지 않았다. 저절로 짜증이 나는 무더운 날, 승객 한 사람이 소리를 질렀다. "기사 양반, 이 똥차 안 가요?" 기사가 능청스럽게 그 말을 받았다. "아, 똥이 차야 가지요." 거친 말을 주고 고운 말을 받을 가능성은 거의 없다. '친절이 나의 종교'라는 달라이 라마의 말을 들이댈 것 없이, 말만 좀 곱게 해도 세상이 퍽 부드러워질 것 같다. 내게 하는 소리다.

내가 누군데

구입한 물건을 바꾸거나 무르기가 쉬워서 미국이 좋았다. 교우 중에 한 형제가 아내에게 잘하려고 문 두 짝 달린 냉장고를 구입했다. 문 하나 더 있는 게 신상품인 시절이었다. 막상 사용해 보니 쓸모가 예상 같지 않아 아내가 불만스러워했다. 가서 말이나 해 보자는 심산으로 혹시 바꾸어 줄 수 있는지 물었다. 이미 한 달을 썼고 김치 냄새가 날지 모른다고 했다. 바꾸어 주는 데 아무 문제 없다며 담당 판매원이 이렇게 말했다. "This is Sears."

선교사가 쿠바 공항에서 카메라를 빼앗겼다. 출국하며 맡겨 놓은 카메라를 달라고 했더니 내무부에 가라고 했다. 내무부에 갔더니 줄 수 없다고 했다. 어떻게 그럴 수가 있느냐고 따지니까 공무원이 딱 잘라 말했다. "This is Cuba."

예, 우리 땅입니다

한일 간 독도 분쟁이 한창일 때에 '독도는 우리 땅'이란 노래가 있었다. 가사도 곡도 입에 착착 붙었다. "울릉도 동남쪽 뱃길 따라 이백 리, 외로운 섬 하나 새들의 고향, 그 누가 아무리 자기네 땅이라고 우겨도, 독도는 우리 땅." 그 무렵 마산에 '독도는 우리 땅' 찻집이 있었다. 대단한 혹은 과도한 애국심의 발로라고 해야 하나, 어쨌든 재미있는 발상이었다. 공중전화로 다방에 전화를 걸어 기다리는 친구를 바꿔 달라던 시절이었다. "여보세요. 독도는 우리 땅입니까?" 그러면 확고한 목소리로 전화를 받았다. "예, 우리 땅입니다." 이리하여 그 동네에서는, 누가 뭐래도 독도는 우리 땅이었다.

살다 죽는 일

그저 한 사람이
자기 세상을 사는 게 아니다
누군가의 어머니
누군가의 남편
누군가의 아들이 사는 것이다
작은 세상을 꾸리는 것이다

그저 한 사람이
자기 세상을 뜨는 게 아니다
누군가의 아버지
누군가의 아내
누군가의 딸이 죽는 것이다
세상 한 켠이 무너지는 것이다

삶은 한데 얽혀 무겁지 않고
죽음은 서로 엮여 가볍지 않다.

비벼야 달라진다

비빔밥을 비비지 않고 그대로 떠 먹는 친구가 있다. 그에게는 비빔밥이 아닌 거다. 그 친구는 어쩌면 몰락한 양반가의 자제인지 모른다. 음식을 시골 개밥처럼 그렇게 섞어 먹는 게 아니라고 생각하는 것 같다. 비벼야 다른 세계가 전개되는데…. 세상에는 하나에 하나를 더해 둘 이상이 되는 것이 많다. 고상한 말로 시너지 효과다. 된장찌개와 무채무침을 넣어 밥을 비비면 된장 맛 무채 맛 외에 또 다른 맛이 생긴다. 이 맛 저 맛이 넘나들면서 제3의 절묘한 맛을 낸다. 퓨전은 잘못하면 얼치기의 다른 말로 전락 되기도 하지만, 서로 다른 것이 제대로 만나면 상상하지 못한 일이 벌어진다.

못지않게 특이한 식습관을 가진 과거 동료 목사는 제공된 음식에 소금을 치지 않는다는 원칙을 굳게 지켰다. 곰탕에도 소금 간을 하지 않았다. 처음에는 맛이 없어 힘들었는데 얼마 지나지 않아 고유의 구수한 맛이 느껴지더라고 했다. 전 국민이 다 비빈다고 덩달아 비비지 않고, 모든 사람이 소금을 쳐야 하는 음식이란 있을 수 없다고 고집하는 두 사람이 존경스럽다. 그런데 남의 일 같지 않게 괜히 안타깝다.

여정

수양버들 가지에
희미하게 봄물이 오르면
풋풋한 인생, 그래서 청,춘,이다
초록이 눈에 꽉차는 뜨거운 계절을 지나
나뭇잎마다 가을이 배이고
화려한 추락, 죽음도 나쁘지 않다고
매서운 겨울도 그리 나쁘지 않다고
어느덧 다른 세상의 봄이다.

비정

내가 어릴 적 사내아이 머리는, 빡빡머리 아니면 상고머리였다. 상고머리를 깎으려면 돈을 조금 더 주어야 했다. 나는 집안 형편상 한동안 빡빡 깎았다. 어느 날 상고머리 돈을 들고 이발소에 가는데 걸음이 날아갈 듯했다. 돈을 치르고 의자에 앉았다. 그런데 이발소 아저씨가 바리깡으로 머리를 밀어버리는 게 아닌가. 어른들의 부주의는 가끔 어린이를 좌절시킨다. 놀라움 반에 실망 반을 섞은 목소리로 다급하게 반응했다. "아저씨, 저 15원 냈는데요. (액수는 기억나지 않는다.)" 상고머리 값을 받고 바리깡으로 밀어버리면 안 되는 일이었다. 아저씨가 무표정하게 말했다. "올랐다." 행복과 불행을 가르는 머리 모양이 그에게는 그저 몇 푼 차이의 가벼운 돈 문제에 지나지 않았다. 비정했다. 세칭 이발소 그림을 쳐다보며 속으로 울었다. "삶이 그대를 속일지라도 슬퍼하거나 노하지 말라. 푸쉬킨."

그게 왜 보리밥이야?

초등학교에 입학할 무렵 우리나라 일 인당 국민소득이 100불 남짓이었다. 한 사람이 10불로 한 달을 살아야 한다는 말이다. 아침에 죽을 먹고 점심 도시락을 가져가지 못할 정도로 가난한 사람들이 적지 않았다. 윤기가 자르르 흐르는 쌀밥을 자주 먹지 못하는 것은 따로 말할 필요가 없다. 지금은 잘 먹는 게 탈이 되는 세상, 잡곡밥을 먹어야 몸에 좋은 줄 알면서도 나는 아직 개념없이 쌀밥을 선호한다. 꽁보리밥이 건강식이라는 데에 마음이 가지 않는다. 평생 먹을 보리를 일찍이 다 먹어 버려서 그런지 모르겠다.

쌀보다 보리가 더 많은 밥을 보리밥이라고 부르는 게 적절하지 않다는 생각을 하곤 했다. 쌀에 잡곡을 넣은 것이 잡곡밥이고, 콩을 조금 넣어서 밥을 지으면 콩밥, 좁쌀을 두르면 조밥 아닌가. 쌀이 주재료이지만 적은 양의 잡곡을 그 밥의 이름으로 삼는 것 아닌가. 우리 집 보리밥은 가끔 쌀보다 보리가 많았다. 그런데도 그 밥의 이름은 여전히 보리밥이어야 하는가. 보리를 주재료로 하고 거기에 쌀을 조금 섞었다면 쌀밥이라 하는 것이 더 알맞지 않은가. 배고픈 것과 쓸데없는 생각 사이에 어떤 관계가 있었는지 잘 모르겠다.

그 시절 이후로 나는 계속해서 조금씩 더 넉넉하게 잘살고 있는 중이다. 지나온 날을 생각해 보면 감사한 것 투성이다. 가끔 이렇게 기도한다. 나머지 삶을 물구나무서서 사는 것 같이 힘겹게 산다 할지라도 이제까지 베풀어 주신 은혜만으로도 감사합니다.

여전히 아름다운 세상

    루이 암스트롱의 노래 What a wonderful world. 표정과 음색이 가사와 잘 어울린다. "푸른 나무들, 빨간 장미, 활짝 꽃을 피웠네요. 당신과 나를 위해서. 그러면 이런 생각이 들어요. 이 얼마나 멋진 세상인가. 푸른 하늘, 하얀 구름, 화창하고 복된 날, 어둡고 신성한 밤. 그러면 이런 생각이 들어요. 이 얼마나 멋진 세상인가. 무지개 색깔들 하늘에서 아주 예쁘고, 지나가는 사람들 얼굴 위에도 있네요. 친구들이 악수하며 '잘 지내?'라고 인사하네요. 실상은 '사랑한다'는 거지요… 그래요, 그러면 이런 생각이 들어요. 이 얼마나 멋진 세상인가."

    로버트 브라우닝의 시 '봄날 아침'도 분위기가 비슷하다. "때는 봄/ 아침/ 일곱 시, 이슬 젖은 언덕 기슭에서/ 종달새 노래하며 하늘에 날고/ 달팽이 가시나무 위를 기어가고/ 하나님은 하늘에 계시니/ 온누리가 평화롭구나." 답답한 일이 많지만 그래도 여전히 아름다운 세상이다.

슬픔이 슬픔에게

부목사로 일하던 교회에 연세 드신 전도사님 한 분이 계셨다. 젊어서 결혼한 지 몇 달 만에 남편이 돌아가셨다. 유복자를 낳아 길렀다. 교우 중에 어려운 일 당한 사람이 있으면 그분의 위로가 막강했다. "그래도 집사님은 나보다 나아." 형편 좋은 사람의 위로가, 위로가 되지 못할 때가 있다. 그럴 때는 슬픔이 슬픔을 위로한다. 나도 장례식에서 더러 자녀들에게 이렇게 말한다. "그래도 다행한 편이에요. 나는 아버지가 열한 살에 돌아가셨어요." 이재무 시인의 시구가 적절하다. "어항 속 물을/ 물로 씻어 내듯이/ 슬픔을 슬픔으로/ 문질러 닦는다."

쓸데없이 위험하게 살지 말자

    설교 중에 빈번하게 여자 편을 들었다. 담임목사로 부임한지 얼마 되지 않아 이렇게 말한 적도 있다. "그럴 리가 없겠지만 우리 교회가 남자와 여자로 패가 갈려 싸우면 저는 여자 편에 붙겠습니다. 치사한 줄 알지만 그게 사는 길이기 때문입니다." 주일 설교 중에 심하게 여자 편을 들었더니 친교 시간에 젊은 남자들이 "목사님이 혼자 살아남으려고 우리를 다 죽이고 있다"고 말했다. 그래서 내가 한마디 했다. "지금 누가 누구를 봐줄 형편이 아니다. 우리는 어떻게든지 각자 살아남아야 한다."

    남자와 여자 중에 누가 더 똑똑할까. 허접한 질문이다. 독설로 유명한 버나드 쇼는 이렇게 답했다. "남자는 어리석어서 여자와 결혼하지만, 여자는 지혜로워서 남자와 결혼한다." 금호동 산 아래 동네 전셋집에서 살 때 어머니가 아버지에게 산 중턱에 있는 집을 사자고 제안하셨다. 아버지는 그렇게 높은 데서 사람이 어떻게 사느냐고 반대하셨다. 훗날 우리는 산꼭대기 전셋집에서 살았다. 우리 말보다 영어가 훨씬 더 편한 사람들 결혼 주례를 마치자 내 아내가 신랑에게 물었다. "목사님 말씀 다 알아들었어요?" 신랑이 당황하자 신부가 사태를 수습했다. "괜찮아, 괜찮아. 내 말만 잘 들으면 돼." 여자 말을 잘 들어야 한다. 글을 맺으려니까 아내 말을 따라 아무거나 먹다가 신세를 망친 인류 최초의 남자 생각이 난다. 그렇다고 해도 가까이 있는 여자 말을 안 듣는 것보다 더 위험한 일은 없다.

크게 될 뻔했다

옛날 선생님들은 어쩌면 그러셨을까 싶다. 초등학교 시절, 학교에 낼 돈을 제때 내지 못하면 돈을 가져오라고 수업 중에 학생을 집으로 돌려보냈다. 집에 가 봐야 대낮에 부모님이 계시지 않으니 아이들은 대부분 학교 근처에서 적당히 시간을 보내다가 학교로 돌아가곤 했다. 나는 묘하게 성실했다. 미련했다. 집에서 가장 가까운 전봇대를 찍고 학교로 돌아갔다. 다른 아이들처럼 놀면서 보내야 하는 시간을 가늠할 필요가 없었다. 몸은 고단하고 속은 편했다.

6학년에는 자기가 목표로 삼는 점수를 책상 귀퉁이에 적어 놓고 매일 시험을 치렀다. 그 점수에 미달하면 선생님이 대나무 자로 손바닥을 때렸다. 나는 턱없이 높은 점수를 적어 놓고 수없이 맞았다. 목표 점수의 하향 조정을 검토해 본 적이 없었다. 꼿꼿한 정신을 부실한 몸이 끝까지 책임졌다.

산동네 여름밤은 다방구 놀이하기에 좋았다. 내가 술래일 때 잡기로 마음먹은 애가 있으면 끝까지 쫓아갔다. 산을 다 내려가서 그 아이를 터치하고 둘이 이야기하며 돌아왔더니 이미 파장인 적도 있었다. 산에서 내려갈 때는 적이었고 올라올 때는 동행이었다. 마음이 별나서 몸이 고생했다. 어린 시절 몇몇 장면을 보건대 나는, 잘못하면 크게 될 수도 있는 사람이었다. 어쩌다가 그 뒤로 시원치 않게 됐을까.

자기 세계가 있는 이방인

　Sting이 부른 노래 I'm an Englishman in New York, 연주도 일품이다.

　나는 커피를 마시지 않아. 차를 마시지. 토스트는 한쪽만 구운 걸 좋아하고… 나는 뉴욕에 사는 영국 사람, 이방인… 노래 끄트머리에, "I'm an alien. I'm a legal alien. I'm an Englishman in New York."을 배경으로 "남들이 뭐라고 하든 너 자신이 되어라."를 독백마냥 여러 번 반복하는 것이 인상적이다. 소리의 크기로 따지자면, '너 자신이 되어라' 희미한 독백을 배경으로 'I'm an alien…'이 두드러진다. 드러나는 양상은 이방인이지만 속내는 자기만의 삶이다.

하루를 짧게 살기

"인생은 마치 두루마리 화장지와 같아서 뒤로 갈수록 빨리 없어진다." 기막힌 통찰이다. "하루는 길고 한 해는 짧다." 연세 지긋한 어른들 말씀이다. 경험하지 않고 머리로 생각해 낼 수 없는 말이다. 하루 스물네 시간, 일 년 삼백육십오 일이 다르지 않은데, 젊은이는 하루를 짧게, 일 년을 길게 산다. 은퇴 후에 젊은이처럼 하루를 짧게 사는 방법을 생각하고 있다. 일 년이 짧거나 긴 것은 아무래도 좋지만, 노년의 나날을 지루하게 사는 것은 피하고 싶다. 그러자면 날마다 규칙적으로 하는 일이 있어야 한다. 낯선 분야를 기웃거리고, 안 해 보던 짓을 하며 살 생각이다. 혼자서도 단 하루 심심해 본 적이 없다던 박두진 시인에 맞먹는 노년을 꿈꾸다 보면, 나도 모르게 늘그막 인생이 기다려진다.

입맛

텍사스 시절 한 교우는 평생 입맛 떨어진 적이 없다. 김칫국물에 밥을 비벼 먹어도 그렇게 맛있다고 했다. 어느 개그맨이 말했다. "세상에는 두 종류의 음식이 있다. 맛있는 음식과 아주 맛있는 음식." 이런 대화를 상상할 수 있겠다. "맛있어요?" "아니요. 아주 맛있어요." 그에게는 맛있지 않으면 아주 맛있는 거니까. 맛있는 음식을 찾기 전에 아무 거나 맛있어하는 입을 달라고 해야 할지 모르겠다. 그 입을 장착하고 사방 돌아다니면 세상 행복하겠다.

주는 대로 먹는다

　기억에 이상이 없다면, 나는 집에서 반찬 투정을 해 본 일이 없다. 아내가 처음 시도한 음식에 대한 평을 원하면 그때는 솔직하게 말한다. 짜다 싱겁다 말해 본 적도 없다. 짠지 아닌지 간을 물으면 그때 말한다. 저녁에 무슨 음식이 먹고 싶다고 말해 본 적도 없는 것 같다. 다른 이유는 없다. 음식에 관해서 편하게 사는 것뿐이다. 음식 장만한 사람의 수고를 타박할 용기가 없기도 하다. 우리끼리 얘기지만, 나도 맛을 모르는 사람은 아니다.

싫지만 무섭지 않다

내가 몹시 가난하게 자란 걸 생각하면 돈에 한이 맺히거나 가난한 사람들을 위해 생애를 투신한다고 해서 조금도 이상할 게 없다. 돈을 좋아하지 않는 것은 아니나 '나중에 돈을 많이 벌어서…' 따위의 생각을 해 보지 않았다. 가난한 이들을 향해 사회운동가처럼 마음이 뜨거웠던 적도 없다. 나는 어째서 부지런히 돈을 따르거나 적극적으로 목소리를 내며 불우한 사람들 쪽에 서지 않았을까. 내가 생각해도 이상한 일이다. 가난이 한이 되지 않았기 때문일 것이다. 신앙생활을 시작한 뒤로 믿는 구석이 있어서 내가 겪은 가난에 몸서리를 치거나 다른 사람의 가난에 치를 떨지 않은 게 아닌가 싶다. 가난이 무슨 대수인가 싶었던 거다. 이웃의 가난에 소홀한 심성을 변명하자는 게 아니다. 빈곤 문제를 가벼이 생각하는 것도 아니다. "나는 가난이 싫어. 그러나 무섭지는 않아." 어느 목회자 아내의 말에 공감한다는 말을 하려는 것이다.

서정주의 시 백결가 일부다. "낭산 밑 새말 사람 백결이는 가난해/ 주렁주렁 주렁주렁 옷을 기워 입은 게/ 메추라기 꿰미를 매어단 것 같대서/ 사람들이 그렇게 이름 지어 불렀다.// 그렇지만 이 사람한텐 오래두고 이쿼온/ 슬기론 거문고가 한 채 있어서/ 밤낮으로 마음을 잘 풀어갔기 때문에/ 가난도 앞장질런 서지 못하고/ 뒤에서 졸래졸래 따라다녔다./ 그래서 나날이 해같이 되일어나 물같이 구기잖게 살아갔었다." 지지리도 못살았지만 찌질하게 가난에 잡히지는 않았다.

자기만의 시선으로

지난해 브라질에 있는 아마존 선교지에 다녀오며 콜럼비아 보고타에서 비행기를 갈아탔다. 대기 시간에 여유가 있어서 시내에 있는 보테로 박물관을 찾았다. 페르난도 보테로는 콜럼비아에서 가장 유명한 화가요 조각가다. 자기만의 시선으로 일가를 이루었다. 사물의 규모를 과장하는 그의 해석이 독특하다. 모나리자를 넉넉한 품으로 그리는 건 그렇다고 쳐도, 십자가에 달리신 예수까지 뚱뚱하게 그린 건 좀 그렇다. 하기야, 같은 눈으로 보았으니 그럴 수밖에 없겠다. 놀랍게도 조르주 루오의 작품 몇 점, 모빌 작가 알렉산더 콜더의 작품 몇 점이 있었다. 콜더의 그림 한 점은 한국적인 이미지를 닮았다.

은퇴 후 삼락

논어는 군자삼락으로 시작된다. 그 시대의 바람직한 인간상이 누리는 세 가지 즐거움이다. 먼저는 배우고 때때로 익히는 즐거움이다. 거기서 학습이라는 말이 나왔다. 학습은 배운 것을 익히는 것이지만, 다른 말로 하면 실천이다. 아는 것을 몸에 붙이는 것이다. 그다음은 먼 데서 찾아오는 벗이 주는 즐거움이다. 그냥 친구가 아니라 생각을 같이하는 사람들과의 만남이다. 마지막은 남이 알아주지 않아도 화내지 않는 것이다. 평판에 휘둘리지 않고, 자기 실력에 걸맞은 자리에 오르지 못해도 서운해하지 않는 것이다.

내게는 군자삼락이 은퇴 후 인생삼락으로 읽힌다. 새로운 것을 배우고 실제로 해보고, 그런 즐거움을 나눌 친구를 거리와 관계없이 마음 가까이에 두고, 내게 대한 다른 사람의 견해는 크게 신경 쓰지 않는다. 날로 확장되는 내 세상에서 오롯이 나의 삶을 산다.

추우니까 겨울이다

 겨울을 지나고 있다. 어린 시절 겨울을 생각하면 웬만한 추위는 추위가 아니다. 손이 문고리에 들러붙고, 방에서 걸레가 얼었다. 뺨이 에이는 추위에 부실한 옷을 입고도 멀쩡하게 살아남아 기다리던 봄을 맞았다. 날씨가 춥기도 했지만 초라한 형편이 겨울을 더 겨울답게 했다. 겨울이 싫었다. 한강이 얼 때쯤에는 삐쩍 마른 탓에 뼈가 다 시렸다. 이래저래 보호 장구가 형편없었다. 바깥에 나가면 얼굴이 시퍼레지고 몸은 저절로 벌벌 떨렸다. 누가 보아도 없어 보였을 것이다. 비 오는 날이 싫었다. 집 안에서 비 내리는 것을 내다보는 것은 좋은데, 빗길에 다니는 것은 구질구질했다.
 어느 날 문득 생각했다. 어차피 겨울은 매해 가을과 봄 사이에 어김없이 올 것이고, 내가 비를 싫어한다고 해서 나날이 화창할 리가 만무하지 않은가. 구조적으로 인생의 4분의 1 이상을 유쾌하지 못하게 지내는 것은 그만그만한 인생에 보통 손실이 아니었다. 좋아하기로 했다. 정확하게 말하면, 우선 싫어하지 않기로 했다. 겨울은 본래 그런 것이고, 비 또한 그런 것이다. 있는 대로 받아들이고 딴생각을 하지 않기로 했다. '추워도 좋다'를 거쳐 마침내 '추워서 좋다'로 마음이 정돈되었다. 그렇긴 해도 올해는 겨울이 너무 티 나게 겨울 행세를 하지 않으면 좋겠다. 그렇지 않아도 마음이 썰렁한 사람이 많은데, 날씨까지 거들면 곤란하니까.

도대체 뭐 하자는 영어인가

텍사스 시절, 영어 말수가 많은 교우의 말을 가만히 들어보면 문법에 맞지 않는 표현이 많았다. 미국 사람 친구도 많고 소통에 불편이 없어 보였다. 다른 이는 영어로 쓰인 글을 읽지 못하는데도 미국 사람들과의 대화에 거침이 없었다. 인슈어런스를 인츄렌스로, 이머전시를 머전시로 발음하며 원어민들과 훌륭하게 어울렸다. 내 딸이 아주 어릴 적에, 맞은편에 같은 또래의 백인 여자아이가 살았다. 예내가 그 애를 보고 반갑게 인사했다. "Hi, Sarah! What's your name?" 새라는 어안이 벙벙해서 말을 하지 못했다. 영어 못하는 딸은 자기가 아는 영어를 다 말했고, 영어 잘하는 그 아이는 한마디도 반응하지 못했다. 내 영어에 대해서 이런저런 생각을 하고 있다. 도대체 뭐 하자는 영어인가.

음악은 척추에서 나온다

인척 중에 재즈 박사가 있어서 조언을 들어가며 재즈를 듣고 있다. 그이는 내가 실력을 인정한 사제 박사가 아니고, 재즈의 역사를 연구하고 키스 재럿으로 학위를 받은 정말 박사다. 쾰른 콘서트로 유명한 재럿은 아주 비범하다. 그의 피아노 즉흥 연주는 악보를 그려서 분석해도 별로 흠잡을 데가 없다고 한다. 그런 사람은 인터뷰를 해도 도사같이 말한다.

우리 예배 반주자들이 찬양곡을 연습하면서 한 자매가 이렇게 말했다. "그냥 쳐야지. 생각하면 틀려." 키스 재럿이 비슷한 이야기를 하더라고 내가 말했다. 음악이 머리에서 나오면 안 된다고, 그냥 몸에서 나와야 한다고, 내가 음악을 하는 게 아니고 몸은 음악이 지나가는 통로에 불과하다고, 심지어 음악으로 음악을 끌어내는 것도 아니라고. 이해가 안 되지만 과장하는 것 같지는 않더라는 이야기를 했더니, 그 바닥에서 고수 소리를 듣는 한 형제가 동의하며 말했다. "음악이 척추에서 나와야 돼요."

부실하게 놀이하는 인간

팍팍한 세상, 만만치 않은 세월을 치열하게 살지 않았다. 살지 못했다? 너무 슬렁슬렁 살았나 아쉽기도 하고 아니기도 하다. 더러 치열하게 살았다는 말이 아니라, 헐렁한 삶에 후회가 없다는 말이다. 태생이 성향상 게으른 소시민이었다. 가까운 친구들이 대부분 학자에 교수 지망일 때 목회에 마음을 두었다. 잘못된 생각이지만, 지나치게 열심히 공부할 필요가 없었다. 유학 같은 것은 아예 꿈도 바람도 아니었다. 어쩌다가 예루살렘에 살며 바깥바람을 쐬고, 물설고 말 설은 미국에 살게 되었다. 바람에 날려 떨어진 자리에서 꽃 피우는 풀씨와 같은 인생이다. 인생이 꼭 어떠해야 한다는 생각이 나이들수록 점점 희미해진다. 생각해 보니 아쉬운 점이 없지는 않다. 발달심리학자 에릭 에릭슨은 그럴듯한 인생이 되는 데에 일, 사랑, 놀이의 균형이 필요하다고 했다. 그의 주장에 신앙을 끼워 넣고 내 인생을 돌아보니 놀이가 시원치 않았다. 제대로 놀지도 못하고 뭐 했나 싶다.

소니가 주는 기쁨

손흥민 축구를 보는 재미가 쏠쏠하다. 축구의 본고장에서 한국 사람이 어쩌면 저렇게 그야말로 월드 클래스로 잘할 수 있는지 자랑스럽다. 볼 때마다 감동이다. 폭발적인 돌파력에 양발을 똑같이 잘 쓰는 것도 대단하고, 순간적으로 득점 기회를 포착하는 능력이 기막히다. 게다가 착하게 잘생기지 않았는가. 덩달아 토트넘 팬이 되었다. 류현진 야구를 보는 것도 인생의 잔재미 중 하나다. 박찬호 때부터 엘에이 다저스에 관심이 있었다. 토론토 블루제이스를 응원하면서 다저스는 내 머리에서 사라졌다. 다저스는 내게 류현진의 다저스였다. 형편이 이러하니 축구나 야구를 좋아한다고 말하기는 좀 어렵고, 한국 사람이 경기하는 것을 좋아한다고 말하는 것이 더 정확하다. 조성진 연주회에 간 것도 같은 이유에서다. 서푼짜리 민족주의다. 민망하지만 어쩌겠는가. 이제는 우리나라도 스포츠 경기 해설이 대단히 전문적인 수준에 올랐는데 나는 아직 몇십 년 전 '고국에 계신 동포 여러분'으로 시작되는 중계방송 아나운서의 정서를 벗어나지 못하고 있다. 어쨌거나 각 방면에 자랑스러운 한국인이 늘어갈수록 내 관심도 다방면으로 그만큼 풍성해질 것이다.

들으려면 보아야 한다

사오정은 한때 동문서답과 썰렁함의 대명사였다. 사오정이 눈이 좋지 않아 안경을 맞췄다. 아버지가 물었다. 잘 보이냐? 사오정이 대답했다. 예, 잘 들립니다.

대학 때 교양 과목으로 수영을 선택했다. 안경을 벗으니 교수님 말씀이 잘 들리지 않았다. 실내 수영장이라 소리가 울리는데다가 입이 보이지 않으니 무슨 말인지 알아 들을 수 없었다. 나는 그때 듣는 것이 귀에만 의존하지 않는다는 것을 알았다. 말의 내용 뿐만 아니라 말의 마음까지 제대로 파악하려면 귀와 눈이 좋아야 한다. 사오정의 통찰력이 비범하다.

꼴값하지 말자

딸이 어릴 적에 친구에게 말했다. "경진아, 너 포카혼타스 같아." 포카혼타스가 인기를 얻던 때였다. 예쁘다고 한 말이었다. 그 애가 웃으며 반응했다. "응, 내가 좀 까맣지?" 그 말을 들으니 그 아이가 더 예뻐 보였다. 아내가 딸에게 말했다. "집사님들이 우리 예내 다들 예쁘다고 하시네." 딸이 담담하게 말했다. "I know." 선생님이 여학생을 교무실로 불러 야단쳤다. "너처럼 예쁜 애를 처음 보지만, 너처럼 머리 나쁜 애도 처음 본다." 너나없이 무식하게 말하며 살던 시절이었다. 돌아서서 나오며 웃었다. 예쁜 게 더 중요했던 거다. 얼굴의 어원은 얼꼴이라는 설이 있다. 내면이 밖으로 드러난 결과라는 말이다. 얼굴은 정신세계의 반영이다. 멋있는 말인데, 얼굴이 정말 그런 뜻일까. 꼴값은 얼굴값이고, 생긴 대로 논다는 뜻인 것은 확실하다. 꼴이야 어떻든 꼴값한다는 막말은 안 듣고 살아야 한다.

다시 태어난다면

부질없는 물음이다
그래도 다시 태어난다면
순하디순한 무지렁이로
누구의 마음 한 자락 다치지 않고
아무 소원도 없이 살다가
잘 익은 과일처럼 툭 떨어지거나
희미하게 붉은빛 꽃잎으로 지고 싶다

커피에 대한 예의

한꺼번에 몇 가지 일을 해내는 것을 현대인의 능력쯤으로 알고 살았다. 음악을 들으면서 책을 읽는 식이다. 순간순간 마치 그 일을 위해 태어난 사람처럼 한 가지 일에 집중하여 오롯이 현재를 사는 것은 한가한 도사에게나 해당하는 것이겠거니 생각했다. 책을 읽거나 컴퓨터를 보면서 커피를 마시니 커피 맛을 충분히 즐기지 못할뿐더러 커피에 대한 예의가 아니라는 생각이 들었다. 요즈음은 혼자 커피를 마실 때 오로지 커피만 상대하고 있다. 나이 들어 동시에 두 가지 일이 잘 안 되어서인지, 아니면 한 가지라도 제대로 하자고 철이 든 건지 잘 모르겠다.

웃통 벗고 싸운다

권투 경기 보는 것을 좋아했다. 좋아한다. 박종팔 선수의 적극적인 스타일과 바디 훅이 인상적이었다. 홍수환 선수가 파나마의 카라스키야를 4전5기 끝에 때려눕히는 주요 장면은 아마 백 번 넘게 보았을 것이다. 무하마드 알리의 전혀 다른 권투와 마이크 타이슨의 돌주먹 경기도 재미있게 보았다. 하지만 차분히 생각해 보면, 개화된 문명 세계에 아직도 권투와 같은 스포츠가 남아 있다는 게 신기하다. 권투를 냉소적으로 요약하면, 두 사람이 웃통을 벗고 공개적으로 치고받고 싸우는 것을 많은 사람이 환호하는 것 아닌가. 웃통을 벗어 던지고 이판사판 격하게 싸우던 산동네 광경과 다를 바가 없다. 가끔 격투기 시합을 보는데, 이런 막무가내 개싸움이 다 있나 싶다. 웬만한 자극으로는 사람들의 이목을 끌 수 없는 말초 감각적인 세상에 살고 있다. 무덤덤하게 좋다는 말이 그립다.

바보가 되고 싶어요

　내가 알기로 유도의 핵심 전략은 상대의 힘을 수용하는 것이다. 부드러워 보이나 강한 면모가 거기서 나온다. 아들이 고등학생일 때, 비가 오니 우산을 가져가라는 아내의 말에 "엄마, 인생이 비도 맞고 그러는 거지."라고 했다. "감기 드니까 그렇지." "감기도 걸리고 그러는 게 인생이지요." 아들에게 인생은 주어진 세상을 일단 저항 없이 받아들이는 것이었다.

　영어 못하는 딸이 알파벳도 모르는 채로 유치원에 처음 가는 날이었다. 미국 애들도 우는 아이가 많다는데 딸은 불편하고 낯선 환경에 의연했다. 과연 내 딸이다 싶었다. 나흘째 되던 날, 유치원에 가지 않겠다고 울었다. 아내가 다독이며 말했다. "동네에 학교 안 가는 애가 어디 있어? 학교에 안 가면 바보가 되는 거야." 딸이 슬피 울며 말했다. "엄마, 나는 바보가 되고 싶어요." 난감한 엄마가 말했다. "그러면 엄마가 얘내 미워할 거야." 딸이 엄마의 다리를 껴안으며 말했다. "미워하세요. 나는 엄마 사랑할 거예요." 역사를 도전과 응전의 틀로 이해했던 아놀드 토인비가 미처 생각하지 못했음 직한 삶의 이해. 그저 힘있게 맞선다고 일이 되는 게 아니다. 나는 그때 좁게는 논쟁 전략을, 넓게는 인생을 대하는 태도를 배웠다.

사랑 타령

사랑하고 싶다가
사랑하다가
사랑하지 않다가
사랑해서 미안하다가
사랑하지 않아서 미안하다가
사랑한 사랑과 사랑하지 않은 사랑에
얼룩진 마음을 문질러 닦다가
사랑하던 이들의 마음을 닦아야 하나 싶다가
짐승처럼 울고 싶다가
가슴에 답답한 바람 불다가
다시, 사는 게 사랑 말고 무언가 싶다가
그러다가 내가 죽으면 몇 사람이나
꺼이꺼이 속깊은 울음을 울려나

있을 게 없는 세상

두 아이가 하늘에서
우리에게 오던 날
날씨가 좋았다
목이 메었다
한 아이가 곁을 떠나던 날
역시 날이 좋았다
마음에 비 내렸다
그 애가 자리를 비운 세상은
그 뒤로도 날이 좋거나 궂었다
딸이 여전한 내 마음도
개이거나 더러 비 내렸다
그리고 바람 불었다

환대와 홀대 사이에서

 과거를 돌아보고 미래를 내다보더라도 삶이란 언제나 현재뿐이다. 회고나 전망은 머릿속에서 만들어지는 추상이다. 과거와 미래는 구성적인 현실에 영향을 주는 가상 현실이다. 현재는 이미 지나간 과거를 채색할 수 있고, 다가오는 미래에 힘을 행사할 수 있다. 온전히 현재를 살아야 하는 이유다.
 현재에 충실하기 위해 멀티 태스킹의 허점을 피하려고 했다. 커피를 마실 때는 커피만 마시기로 했다. 그리 긴 시간이 아닌데도 다른 일을 곁들이지 않고 커피만 마시기 어려웠다. 시간이 없어서가 아니라 마음의 여유가 없어서다. 타협점을 찾았다. 신문을 보며 커피를 마시더라도, 커피를 흡입하는 순간에는 무의식적으로 커피를 홀짝이지 않으려고 했다. 커피잔이 입술에 닿을 때 아주 잠깐 커피에 집중한다. 나는 요즈음 무시당하지 않은 커피 맛을 즐기고 있다.

그리움

그리워하기 전의 그리움은
머릿속 고운 빛깔이었다.
정작 그리움은 체기 비슷한
가슴 께의 통증,
온몸을 포로로 잡힌 나른함이다.
사랑하는 이를 그리워하지 못하면
그리운 이를 사랑하지 못하게 된다.
다시 사랑이 되지 못한 그리움이
사랑 주변을 서성이고 있다.
하루해가 산마루를 기웃거리다
어둠에 섞여 밤이 되듯이
그렇게 인생이 저물 것이다.

잘한 게 없어서

최근 몇 년 사이에 교우들에게서 들은 이야기다. "제 남편은 아무리 생각해 봐도 성령의 아홉 가지 열매가 다 있는 것 같아요." 다른 자매는 이렇게 말했다. 결혼할 때 시어머니가 "다른 건 몰라도 우리 아들 성품 하나는 그만이다." 그랬는데 정말로 평생 화 한 번 낸 적이 없단다. 나이가 지긋한 자매님 이야기도 감동이다. 남편이 얼마나 자상하고 따뜻하게 잘하는지 너무 감사하다고…. 나이 들어가면서 요즈음 전과 다르게 더러 짜증을 내도 조금도 마음이 상하지 않는단다. 과거 오랜 세월 한결같이 너무 잘했기 때문에 모두 용서가 되고도 남는다고 했다.

마지막으로 시답잖은 내 이야기. 아내를 위해 뭘 좀 알아봐 달라고 친구에게 부탁하면서 서두르라고 했더니 무얼 크게 잘못한 일이 있어서 그러느냐고 놀렸다. "크게 잘못한 일이 있어서가 아니라 잘한 게 없어서…."

우리 집안 명장면

아들과 딸이 한 침대를 같이 쓰던, 아주 어릴 적 이야기다. "엄마 아빠, 안녕히 주무세요. 좋은 꿈 꾸고요." 부모에게 존댓말을 쓰던 시절, 잠자리에 들기 전 우리 집안 붙박이 인사였다. 무슨 일이었는지 아이들을 따라 방에 들어가며 놀라운 광경을 보게 되었다. 방에 들어서자마자 아들이 침대 밑에 무릎을 꿇고 바닥에 엎드리니 딸이 제 오빠 등을 딛고 침대에 올라간 뒤에 아들이 몸을 일으켜 침대에 올랐다. 머뭇거림 없는 일련 동작인 것으로 보아 퍽 오랫동안 그리 한 것 같았다. 17개월 터울의 동생이 오르기에 침대 높이가 버거웠던 거다.

작은 사치

　없어서 못 먹고, 있으면 무엇이나 가리지 않고 잘 먹던 가난한 시절을 거쳐 와서 그런지 나는 아직도 음식에 까다롭지 않은 편이다. 기호 식품의 경우에는 조금 다르다. 한국 방문 때 잔에 담긴 커피를 마시다가 종이컵보다 빨리 식는 듯해서 덜 우아한 종이컵을 선호했다. 프랜차이즈마다 커피의 온도가 다른 것도 알게 되었다. 커피 맛을 제대로 알고 즐기는 수준은 아니지만, 커피를 마시는 중에 커피가 식는 것이 아쉬웠다. 커피가 식었을 때 향이 살아나고 품질이 적나라하게 드러난다는 이야기를 들었지만, 나는 마지막 한 방울까지 따뜻한 커피가 좋다. 내 마음을 아는 아내가 지난해, 마시는 동안 같은 온도를 유지하게 하는 컵을 사 주었다. 가격을 생각해서는 '선뜻' 사 주었다고 표현해야 옳겠다. 협찬 없이 브랜드를 밝힌다. Ember. 지난 5년 동안 내게 온 물건 중에서 최고다.

손글씨가 좋다

컴퓨터 자판이 득세한 세상에서 나는 손글씨를 좋아한다. 셀폰도 한동안 손글씨가 가능한 갤럭시 노트를 사용했다. 전에는 만년필을 좋아했고, 롤러볼을 거쳐, 나이 들어서는 연필이 더 좋다. 연필은 미국에서 가장 대중적인 Ticonderoga를 쓰다가 우연한 기회에 알게 되어 지금은 BlackWing 602를 쓰고 있다. Faber Castell을 써 보기도 했는데 내게는 역시 지금 것이 가장 마음에 든다. 연필에 "절반의 필압으로 두 배 빠르다"고 적혀 있다. 필기감이 부드러워서 정말 그렇다. 옛적 선비가 쓸만한 지필묵을 챙긴 셈이다. 기분을 돋워 주는 인생 소품이다.

돈이 되는 것도 아닌데

돌아보면 후회막급이다. 말하고 돌아서서 후회하는 일이 요즘 들어 부쩍 잦아졌다. 말 많은 직업 탓을 해야 하는지, 아니면 나이 탓이라도 해야 하는지 모르겠다. 한 이야기 또 하고, 했던 이야기 다시 하고, 은근히 혹은 대놓고 자기 자랑하고, 쓸데없는 이야기를 장황하게 늘어놓고…. 말하는 대로 돈이 되는 것도 아닌데 왜 그랬을까. 묵언 수행이라도 해야 할까 보다.

어제의 나와 다르다

골프장에 출입한 지 서너 달,
아직은 아무도 시기하지 않고
누구와도 경쟁하지 않는다.
내내 그렇게 하고 싶다.

제2부

내 눈에만
예쁜 여자

신념의 폐해

신념 있는 사람이 자기 성찰에 게으를 때, 그 신념은 견고한 만큼 끔찍한 일이 된다. 신념 때문에 다른 사람들이 보지 못하는 것을 많이 보겠지만, 바로 그 신념 때문에 뻔히 보이는 것을 보지 못할 수 있다. 신념 있는 인간이 많아서 세상이 어지럽다.

일관성을 넘어서

　랠프 월도 에머슨은 어리석은 일관성을 경계했다. "지금 생각하는 바를 오늘 단호한 어조로 말하라. 그리고 내일은 내일 생각하는 바를 확실하게 말하라. 비록 그것이 오늘 당신이 이야기한 모든 것과 모순된다고 할지라도." 진실하고 당당하다. 달라진 이유를 떳떳하게 밝힐 수 있다면 그는 용감한 것이고, 그저 달라진 입장에 따라 말이 바뀐 것이라면 그는 비겁한 것이다.

통합적인 삶

"말 따로, 삶 따로"의 현실이 심각하다. 평소에 직업상 좋은 소리 많이 하는 목사가 비난의 표적이 되기에 십상이겠다. 동서양을 막론하고 옛사람들은 언행일치와 지행합일을 기본으로 삼았다. 고대 그리스 철학자 에픽테투스는, "자유는 인생에서 유일하게 가치 있는 목표"라고 말하며 평생을 오두막에서 살았다. 명성이나 부, 권력에 대해 추호의 관심도 없었다. 너나 할 것 없이 요즘 사람들은 생각에서 삶으로 건너가는 다리를 불태워 버린 것 같다. 이런 면에서 우리는 약간의, 때로는 심각한 자기분열증 환자들이다. 내용의 가치를 따지지 않고 형식만을 살핀다면, 통합적 인간상의 비근한 예로 스티브 잡스만한 사람이 없다. 그는 20대에 참선에 매료된 이후 거기서 얻은 통찰로 나머지 삶을 내내 단순하게 살려고 했다. 언제나 검은 티셔츠에 청바지 차림이었고, 단순한 우아함을 기치로 애플을 이끌었다. 그의 생각, 생활방식, 사업은 이렇듯 드물게 통합적이었다. 삶이 통합적일 때 자기가 지닌 자원이나 힘을 낭비 없이 발휘할 수 있다. 가난한 주머니가 줄줄 새고 있다.

안타깝고 슬픈 일

"소설이나 시를 쓸 수 없는 사람이 평론가가 된다"는 말은 필시 작가들에게서 나온 말일 게다. 작품을 쓰기보다 따져서 평가하기가 쉽다는 말일 텐데, 실인즉 제대로 평가하는 일도 쉽지 않다. 세상사를 바르게 평하는 것보다 더 어려운 일은 평하지 않는 것이다. 그러하나, 평을 하지 않을 수도, 욕을 참기도 힘든 세태이니 이도 저도 쉬운 일이 아니다. 정치권에 있는 사람들을 멀리서 바라보면 세상 돌아가는 게 참으로 요상하다. 똥 묻은 개가 겨 묻은 개를 나무라고 있구나 싶다가도, 장면이 바뀌면 그 개가 그 개인 것 같다. 자기가 한 말이 자기를 정면 타격하는 것을 여러 사람에게서 거듭 보는 것은 안타깝고 슬픈 일이다.

살다 보면

살다 보면 사는 게 막막할 때가 있다. 김남조 시인의 시구처럼, 희망이라고 챙겨 봐야 "절망보다 훨씬 암담한 소망"일 때가 있다. 무슨 인생이 망망대해 산산이 부서지는 파도와 같을 때가 있다. 허형만의 시 '파도'를 옮겨 놓은 장사익의 노래에 가슴이 아리다. "파도를 보면/ 내 안에 불이 붙는다/ 내 쓸쓸함에 기대어/ 알몸으로 부딪치며 으깨지며/ 망망대해/ 하이얗게 눈물꽃 이워내는/ 파도를 보면/ 아, 우리네 삶이란/ 눈물처럼 따뜻한 희망인 것을." 옴니버스 형식의 한국 영화 '어머니'의 명대사도 길이 끊긴 인생의 등을 떠밀어 다시 걷게 한다. "희망은 우리를 버리지 않는다. 다만 우리가 희망을 버릴 뿐이다." 이럴 때는 옛 시인의 시가 기막히다. "산길 끊기고 물길 사라졌는데/ 언덕 너머에 올라 보니/ 마을이 또 하나 보이네." 오늘은 얻어 온 나물로 글 상을 차렸다.

시기하지 않기로 하다

 세상에는 정말 대단한 사람들이 많다. 지적 능력이나 운동, 설교도 그렇고, 무엇을 견주든지 나보다 뛰어난 사람투성이다. 너무 당연하다. 그래서 나는 될 수 있는 대로 내가 아는 잘난 사람들을 시기하지 않기로 했다. 어디에나 굉장한 사람들이 있고, 그중에 몇 명이 내 주변에 있는 것이니까.

나도 내 마음대로

우리가 언제 철학 사조를 오늘날처럼 우리 자신의 삶으로 논의한 적이 있었던가. 나는 요즈음 탈중심적 상대화를 주된 특징으로 하는 포스트모더니즘 사회를 다방면으로 실감하고 있다. 몇십 년 전만 하더라도 우리가 학습해야 하는 거의 모든 것에 교과서와 같은 모범이 있었다. 지금은 그야말로 무엇이든 자기 소견에 좋은 대로 말하고 행하는 시대이다. 은퇴 후를 생각해서 유튜브 골프를 들여다보다가 티칭 프로들의 가르침이 제각각인 것을 보고 깜짝 놀랐다. 그래서 나도 고수들의 의견을 참작하여 내 멋대로 골프를 치기로 했다. 도대체 이 중구난방의 시대를 어떻게 살아야 할지 난감하다. 세 가지를 정리했다. 누가 무슨 생각을 하며 어떤 삶을 살든지 적어도 세 가지 조건에는 맞아야 한다. 생각에 논리의 비약이 없을 것, 생각과 삶 사이에 괴리가 없을 것, 다른 사람들에게 피해를 주지 않을 것. 이 테두리 안에서 나도 내 마음대로 살아 볼 작정이다.

모든 경계에는 꽃이 핀다

　요즈음은 막 젖 뗀 아이들도 영악해서 "내꺼야!"부터 외친다는 말을 들었지만, 아이들은 본래 내남 구분이 잘 안 되는 편이다. 막스 뮐러의 소설, 독일인의 사랑에 나오는 기박한 장면도 있지 않은가. 사과를 사면서 돈을 치렀더니 장사가 안되어 거스름돈이 없다고 하자 자기 돈을 건네면서 이걸로 거슬러 주라고 한 아이처럼… 철이 들면서 나와 남을 가르게 되고, 더 성숙해지면 미분화의 어린 시절로 돌아가려 애를 쓴다.
　'좋은 담장이 좋은 이웃을 만든다'는 말이 있듯이 적당한 구분은 불가피하고 좋은 것이지만, 담장을 높이 세우는 것은 피차에 답답한 일이다. 함민복 시인은 "모든 경계에는 꽃이 핀다"고 노래했다. 서로 다른 것이 우호적으로 만나는 자리에 새로운 가능성이 보기 좋게 열린다. 이웃이 적당히 내다보이고 소리가 적당량 넘어 다닐 만한 예쁜 담장을 낮게 두르고, 그 담을 따라 꽃을 심을 일이다. 머지않은 장래에 담이 헐리고 꽃들만이 우리 사이에서 겨우 울타리 노릇을 하는 그날을 꿈꾸며….

그럼 됐습니다

"친구가 있으세요? 그럼 됐습니다." 카피라이터 박웅현이 '인생'이라는 제목으로 쓴 카피이다. 몇십 년 전 몹시 추운 겨울 새벽, 버스에서 맨발에 슬리퍼를 신은 거지 행색의 사람을 보며 먼저 떠오른 생각이 '이 사람은 친구가 없나 보다'였다. 나이가 들수록 친구만큼 소중한 것이 없어 보인다. 다만 기대만한 좋은 친구가 많지 않다는 게 문제다. 굳이 에머슨의 말을 빌지 않더라도 "친구를 얻는 유일한 길은 자신이 먼저 친구가 되는 것이다." 내게 그리 좋은 친구가 많지 않다는 것은 내가 아무에게도 그다지 좋은 친구가 아니라는 말과 다르지 않다.

변하지 않는 것

　변화무쌍한 세상에 달라지지 않을 것이 있다. 세상에 다 좋은 사람도 다 나쁜 사람도 없고, 세상에 다 좋은 일도 없고, 다 나쁜 일도 없다는 사실이다. 그래서 나는 사람이나 일을 평가할 때 좋은 면과 그렇지 못한 면을 아울러 보려고 애를 쓰는 편이다. 어떤 사람을 다루든지 공과를 함께 논해야 한다. 같은 진영 사람의 좋은 면을 부풀리고 모자라는 점을 줄여 말할 수 있을지 모르겠다. 적진도 양지와 음지를 모두 살펴야 한다. 다른 사람들을 제대로 보지 못하는 것은 마침내 자기를 바로 보지 못하는 결과를 불러올 테니까…. 영국 바깥을 여행하지 않은 사람은 영국을 알지 못한다는 말이 있지 않은가.

　다산은 유배지 강진에서 아들에게 편지를 썼다. 집안이 망하여 독서하기에 좋은 시절을 만났다고 했다. "이제 너는 과거에 응시할 수 없게 되었으니 과거 공부로 인한 걱정은 안 해도 되겠구나…. 너야말로 참으로 독서할 때를 만난 것이다." 20대 초반, 친구 집에 나란히 누웠는데 친구가 내게 물었다. "죄짓는 일에도 유익이 있을까?" 내가 대답했다. "죄짓는 사람들을 이해하게 되지 않을까?" 놀랍지 않은가, 죄짓는 일에도 유익이 있다니…. 세상만사에 양면이 있다. 흑백논리처럼 무지하고 유치한 것이 많지 않으리라.

Just do it

존 맥스웰의 책에서 아버지가 어린 아들에게 일러주는 이야기다. "통나무 위에 개구리 다섯 마리가 앉아 있었어. 그중 네 마리가 뛰어내리기로 마음먹었어. 그러면 남은 개구리는 몇 마리일까? 다섯 마리야. 마음먹는 것과 행동하는 것은 다르기 때문이지." 세상이 좋은 생각으로 넘쳐나는데도 여전히 이 모양인 것은 좋은 생각이 실행되지 않기 때문이다. 인류 역사 중 어느 때보다도 결정과 실행이 기민해야 하는 시대에 살고 있다. 내가 알기로 거의 모든 소프트웨어는 일단 출시하고 나서 버그를 잡는다. 좋은 일은 가슴이 식기 전에 작게라도 바로 시작하자. 하고 싶은 일은 너무 재지 않고 그냥 해 보는 거다. Just do it! 그러다 잘 안될 때는 'Oops!' 하면 된다.

지나친 몸조심

조금 고치는 것으로 어림 없을 때는 확 뒤집어야 한다. 구조 조정이다. 본질 집착과 한없이 자유로운 방법론의 구사가 핵심이다. 말뚝을 더 든든하게 하고 고삐는 더 길게 하는 것이다. 그때 생각해야 할 것이 세스 고딘의 책 "보랏빛 소가 온다"의 핵심 문장이다. "안전한 것이 위험한 것이다." 이런 판에 무난하게 꾸리려는 것은 망하기로 작정한 것이나 마찬가지다.

찬양교회에 부임할 때에 친구에게 한마디만 해 보라고 했다. "이단이 되어라." 자세한 설명이나 되물음 없이 나는 그 말을 이단적으로 되라는 말로 받았다. 자칫 이단 소리를 들을 만큼 과격하게 개성적인 교회가 되라는 말이 아니겠는가. "배는 항구에 있을 때 가장 안전하다. 그러나, 배는 그러자고 있는 것이 아니다." 내가 좋아하는 말이다. 그대로 옮길 수는 없는데 대충 이런 말도 좋아한다. "부자는 가진 것을 지키기 위해 몸을 사린다. 그런데 어떤 사람은 가진 것도 없이 몸조심이 지나치다." 한마디 더, "인생은 과감한 모험이거나 아무것도 아니다." 이런, 헬렌 켈러의 말이다.

변하는 사회보다 더 많이 변하기

　미래학자 토머스 프레이는 최근 한국 언론과의 인터뷰에서 10년 안에 세계 대학의 절반이 문을 닫을 것이라고 했다. 하와이대학의 미래학 교수 짐 데이토에 따르면 "미래학은 미래를 예측하는 것이 아니라 미래를 창조하는 것이다." 미래를 예측하면 빗나갈 가능성이 크지만 자기가 미래를 만들어 가면 예측의 적중률이 한결 높아진다. 사회가 어떻게 얼마나 달라질지 모른다. 우리 자녀들이 종사할 직업의 70퍼센트는 우리가 경험하지 못한 것이라니까 말이다. 시대에 뒤처져서 쩔쩔매지 않으려면 사회가 변하는 것보다 우리 자신이 더 많이 변해야 한다.

　애들이 부모 말을 듣지 않는다고 속상해하는 젊은 엄마들 사이에 끼어 말참견을 한 적이 있다. 우리가 모르는 세상을 살아갈 아이들에게 우리가 아는 세상살이를 강요하는 것이 얼마나 도움이 될까. 아이들이 우리 말을 죽자고 듣지 않은 것을 훗날 감사해야 할지 모른다고…. 그리고는 사족을 달았다. 농담 아니에요.

내 눈에만 예쁜 여자

　노총각의 처지를 그린 김건모의 노래 '이 빠진 동그라미'의 끄트머리 가사가 기막히다. "못생겼다 매력 없다 남들 말해도 내 눈에만 예쁜 여잔 없을까…." 내게도 그런 게 많으면 좋겠다. 남들은 시답잖게 여겨도 내게 꾸준히 통찰력을 주는 존경스러운 작가, 내게만 맛있는 음식, 내 눈에만 절경…. 욕망이라는 것도 사실은 내가 바라는 것이 아니라 다른 사람들의 욕망을 모방한 것이라는 자크 라캉의 단언에서 벗어나 방해 없이, 경쟁 없이 내 나름의 삶을 살고 싶다.

진작에 21세기다

칭기즈 칸은 알렉산더 등속의 정복자들이 차지한 땅을 모두 합쳐도 그의 판도에 미치지 못할 만큼 세계사에 위협적인 인물이었다. 그에 대한 압축된 평가 중에 가장 인상적인 것은 "800년 전에 21세기를 살다간 사람"이다. 단순함, 속도를 중시하는 기동성, 평생 네 명만 다스렸다는 위임 개념의 통치 방식, '나를 칸(황제)이라 부르지 마라' 허세 탈출 등등이 모두 21세기에 논의되는 리더십의 요체들이다. 글을 읽지 못하던 그에게 어떻게 이런 통찰이 가능했을까. 대학을 나온 사람이 한 발짝도 시대를 앞서가지 못하니 한심하다.

사우디아라비아 야마니 석유상의 말을 곱씹게 된다. "석기시대가 끝난 것은 돌이 다 떨어져서가 아니다." 모든 것을 바닥부터 검토하여, 버릴 것을 버리고 챙길 것을 챙겨야 한다. 아무쪼록 다르게 생각해야 한다. 일본 대하소설 대망에 나오는 허다한 인물 중에 선이 굵은 오다 노부나가가 돋보였다. 상황은 생각나지 않고, 그가 내뱉은 말만 머리에 남아 있다. "관습이라면 따르지 않겠다." 왕년의 석유 재벌 폴 게티는 "급변하는 시대에 경험은 최대의 적"이라고 했다. 그 옛날에 그랬다면 지금은 더 말할 나위 없겠다. 진작에 21세기다. 무엇이든 다시 생각하라. 아, 미치겠네.

웃어넘기라

"잘생긴 남자, 똑똑한 남자는 세상에 널렸어도 위트 있는 남자는 드물다. 위트란 여유와 지력, 자신감을 모두 갖췄을 때만 구사할 수 있는 고난도 인격이기 때문이다." 김윤덕 기자의 말이다. 그래서 그런지 대단한 정치인 중에 그런 사람이 많다. 에이브러햄 링컨이 대통령 선거를 치를 때 상대편으로부터 두 얼굴을 가진 이중인격자란 비난을 들었다. 링컨이 웃으며 말했다. "저에게 두 얼굴이 있다면 이렇게 중요한 자리에 이 얼굴을 달고 나왔겠습니까?" 윈스턴 처칠의 유머도 만만치 않다. 정적 한 사람이 늦잠 자는 게으름을 문제 삼았다. 처칠이 아무렇지도 않게 응대했다. "당신 아내도 내 아내처럼 예쁘면 그렇게 일찍 못 일어날걸." 한 번은 한 의원이 격앙되어 처칠에게 험한 말을 했다. "당신이 내 남편이라면 당신 커피에 독을 타겠다." 처칠이 숨도 안 쉬고 그 말을 받았다. "당신이 내 아내라면 그 잔을 마시겠다." 레이건이 대통령 후보 토론 중에, 상대 후보가 나이를 거론하자 "나는 당신이 젊어서 경험이 부족할 것이라고 말하고 싶지 않다."고 받았다. 어느 선교 단체에서 선교사를 선발하는 마지막 과정에 그가 얼마나 유머러스한 사람인지를 살핀다는 이야기를 들었다. 무거운 현실을 가볍게 다룰 수 있는 여유가 필요한 세상이다.

당신 발을 감싸라

　호랑이가 제 발 편하게 하자고 산길에 카펫을 깔기로 했다. 닥치는 대로 토끼를 잡아들여 가죽을 벗겼다. 목숨이 경각에 달린 똑똑한 토끼가 말했다. "당신 발만 감싸면 될 것을…"
　면역에 관한 책을 쓴 율라 비스의 말을 실감하고 있다. "우리는 늘 서로의 환경이다." 다른 사람을 바꾸어 주변 환경을 정돈하고 그 덕을 보려는 것은 수고가 막심할뿐더러 결과가 시원치 않을 가능성이 높다. 연말연시마다 경험하는 것이지만, 새해 다짐은 자기를 움직여 자기가 재미를 보자는 것인데도 결과가 그 모양인데, 다른 사람을 변화시켜서 그 덕을 보자면 그야말로 난망이다. 자신을 바꾸고 다른 사람에게 내 덕 보라고 하는 만큼만 세상이 나아진다.

비슷한 듯 다르다

서얼 출신으로 영조의 탕평책에 힘입어 문신이 된 성대중의 글이다. "나약함은 어진 것처럼 보이고, 잔인함은 의로움과 혼동된다. 욕심은 성실함과 헷갈리고, 망령됨은 곧음과 비슷하다." 이 시절에 꼭 들어맞는 경구이다. "청렴하되 각박하지 않고, 화합하되 휩쓸리지 않는다. 엄격하나 잔인하지 않고, 너그러워도 느슨하지 않다." 굉장하다. 도대체 이 어른은 내다보며 살다 갔는가, 아니면 예나 지금이나 인생이 여일한 것인가.

3인칭의 대해로 가라

　이화여대 교목을 지낸 김흥호 교수는 설교에서, 소아가 대아가 되기 위해 무아의 다리를 건너야 한다고 말했다. "이 다리를 건네게 하기 위하여 수많은 찬송과 기도와 성경과 설교가 거듭되어 왔다."고 했다. 예배를 통해서 급기야 소아가 대아에 이른다는 것이다. "누구든지 나를 따라 오려거든 자기를 부인하고 자기 십자가를 지고 나를 따를 것이니라." 주님의 말씀과 다르지 않다. 나를 잊는 무아의 과정 없이 하나님이 기대하시는 대아에 이를 수 없다. "1인칭의 개울을 떠나 3인칭의 대해로 가라."는 김지하 시인의 말도 같은 맥락이 아닌가 싶다. 나를 넘어서지 않고는 너른 세계에 다다르지 못한다. 제 발에 걸려 넘어지는 가련한 인생을 면해야 한다. 가르침에 따른 무아지경을 경험하고 싶다.

전후 관계를 따질 게 아니다

펜실베니아주 초입에 있는 휴게소에서 재미있는 팻말을 보았다. "웃어라. 여기는 펜실베니아다." 펜실베니아와 웃는 것이 무슨 관계가 있겠는가. "웃어라. 우리는 그리스도인이다." 이쯤 되면 몰라도. "바람이 분다. 살아야겠다." 폴 발레리의 싯구처럼 엉뚱하다. 이 시인이 아마 어떻게든 살아보려고 하던 차에 바람이 불어 좋은 핑계가 된 게 아닌가 싶다. 그 시의 제목이 "해변의 묘지"이니 바닷가 바람은 예삿일이었을 것이다. 전후 관계를 따질 게 아니다. 무슨 핑계로든 살고, 어떻게든 웃어야 한다.

장사 안 되는 가게는 있을 수 없다

일본 요식업계의 전설 우노 다카시. "토마토를 자를 수 있다면 밥집을 열 수 있고, 병 뚜껑을 딸 수 있다면 술집을 할 수 있다." 인적이 드문 곳에 손바닥만한 가게를 열고 명함 한 장을 출입문에 콕 찍어 간판을 대신한 것이 그의 첫 사업이었다. 모든 것이 어설펐다. 그래도 괜찮다. "초보에게는 초보만의 판매 방식이 있다." 회를 제대로 썰 수가 없어서 절단면이 엉망인 걸 만회하려고 '대충 썬 회'라고 이름 붙여 사발에 담아 냈다. 일본 식당에서는 있을 수 없는 일이다. 지금은 도쿄 일대에 열두 개 식당이 성업 중이다.

한국에 특이한 직업이 있다는 기사를 오래 전에 보았다. 장사가 안되는 식당을 짧게는 몇 주, 길게는 6개월을 도맡아 대신 경영하는 직업이다. 서른이 채 안 된 여성이었다. 메뉴를 조정하기도 하고, 실내 장식을 손보기도 하고, 직원 교육을 곁들이기도 했다. 예외 없이 장사가 잘되는 식당으로 변신했다. 장사 안 되는 가게는 있을 수 없다고 한 우노 타카시의 말을 이미 성공한 사람의 허세라고 보기 어렵게 하는 좋은 예이다. 숨막히는 형편도 이리저리 뜯어 보면 타개책이 아주 없지 않을 것이다. 막다른 골목은, 더는 길이 없다는 아우성이기도 하고 새로운 길을 찾으라는 묵언이기도 하다.

사소한 동작의 비범함

태극권 세계 챔피언을 지낸 조시 웨이츠킨은, 기본기에 정통한 것이 무엇보다 중요하다고 강조했다. 고수는 작은 동작 하나하나에 충실하다. 영화에서처럼 크고 화려한 동작이 도무지 없다. 작고 기본적인 동작들이 정확하고 시의적절하게 연결될 때 놀라운 결과가 나온다. 사회학자 댄 챔블리스도 같은 말을 했다. "최상급 기량은 사실 수십 개의 작은 기술과 동작 하나하나를 배우거나 우연히 깨치고, 주의 깊은 연습을 통해 습관으로 만들고, 전체 동작으로 종합해서 나온 결과물이다. 부분 동작 중에서 비범하거나 초인적인 동작은 하나도 없다. 정확하게 실행된 동작들이 합해져 탁월한 기량이 나올 뿐이다." 신앙생활도 다르지 않다. 사소한 것들이 짜임새 있게 연결되어 탁월하게 실행될 때 비로소 놀라운 경지에 다다를 수 있다. 도사는 평범해 보이는 일을 비범하게 행하는 사람이다.

안 해 봐서 하는 소리

 미국에서 스타벅스의 성공은 두 가지를 잘한 덕이다. 하나는 유럽으로부터 에스프레소 커피를 도입한 것이고, 다른 하나는 사람들이 커피를 마시며 어울릴 수 있는 공간을 넉넉하게 제공한 것이다. 우리에게는 오래 전부터 익숙한 바, 스타벅스는 양질의 커피를 파는 다방에 지나지 않는다.
 파리바게트가 십 년을 벼르다가 조마조마한 마음으로 파리에 빵집을 냈는데 대박이 났다. 사람들이 앉아서 빵을 먹으며 이야기할 수 있는 공간을 마련한 것이 주효했다. 프랑스 사람들에게는 새로운 문화였다. 그것도 그대로 한국의 빵집에 불과하다. 내가 보기에 장사는 어렵기도 하고 쉽기도 하다. 용서하시라. 안 해 봐서 하는 소리다.
 장사를 하건 무엇을 하건 창의적이어야 한다. 창의성은 전혀 새로운 것을 만들어 내는 능력이 아니다. 정보를 편집하고, 옮겨서 적용하는 능력이다. 전혀 다른 두 개의 사물을 연결하는 감각이다. 열심히 하는 것만으로는 곧바로 벽에 이마를 찧게 되는 만만치 않은 세상, 세상만사 어찌 보면 어렵고, 어찌 보면 쉽다.

말에 팔리지 말라

배러리가 어디 있는지 아느냐고 어린 아들에게 물었다. "바떼리요?" 영어 못하는 아비는 배러리라 하고, 영어깨나 하는 아들은 바떼리라고 하는 것이 우스웠다. 아들이 눈치채고 다시 물었다. "아빠, 배러리가 한국말로 바떼리 맞지요?" 옛날에 자동차 수리하는 곳에는 흔히 "빵구"라 적힌 작은 입간판이 있었다. 다들 빵꾸라고 읽었다. 신기했다. 사람들은 나 모르게 언제 자기들끼리 빵구로 적고 빵꾸라고 읽기로 합의했을까. 무슨 자동차 정비소 조합 같은 데서 표기를 통일하자고 공문을 보냈을 것 같지도 않다.

언어는 이처럼 합의된 소통 수단이지만, 생각이나 마음을 실어 나르는 데 한계가 있다. 나는 일찍이 엘리베이터를 보며 말에 팔리면 안 된다는 것을 어렴풋이 알았다. 엘리베이터는 사람이나 물건을 싣고 층층이 오르내리는 것인데, 자기 이름에 충실하자면 올라가기만 해야 하는 것 아닌가. 승강기라는 정확한 낱말이 있지만 나라 안에 그렇게 말하는 사람은 아무도 없다.

노자의 도덕경은 '도가도비상도'로 시작된다. 도를 도라고 불러도 되지만 꼭 도라고 해야 하는 것은 아니다. 그 말이 함축하는 바를 붙잡고 말에 팔리지 말라는 것일 거다. 불가의 선종에서 불립문자를 내세워 수행자가 말을 삼가고 글을 멀리하게 한 것도 결국은 말에 휩쓸리지 말라는 가르침이 아니겠는가. 결함 많은 말의 진의를 파악하라. 무엇보다도 그 말이 어떤 마음을 표시하는 기호인지 놓치지 않아야 한다.

그 많은 시간은 다 어디로 갔을까

학자들이 그런 걸 어떻게 알아냈는지 모르지만, 원시인들은 하루에 너덧 시간 일하며 먹고 살았다. 그때에는 생활 도구라고 할 만한 게 별로 없어서 무엇을 하건 몸을 써야 했다. 지금은 일손을 줄여주는 물건이 넘쳐나는데도 온종일 일하면서 늘 시간에 쫓기는 삶을 산다. 줄곧 걸어 다니던 길을 차를 타고 다니고 심지어는 하늘을 날아 다니는데도 시간이 없다고 난리다. 문명의 이기가 늘어갈수록 몸은 더 피곤하고 시간은 턱없이 모자란다. 걸어 다니던 길을 차로 다니면서 남은 시간은 도대체 어디로 갔을까. 아무래도 인간이 자기 꾀에 빠진 것 같다.

점수 매기지 말라

왜군들이 수급(목 베인 적군의 머리)을 헤아리던 평가 방법이라는 찜찜한 설이 있긴 하지만, 초등학생의 학업을 평가하는 수우미양가는 생각할수록 대단하다. 우리는 '수'하면 90점 이상, '미'라면 70점대, '가'는 60점 이하의 점수를 자동으로 떠올리지만, 취지에서 벗어난 환산이다. 70점대 성적을 '미'라고 할 수는 있지만, '미'를 70점이라고 고쳐 부르면 안 된다. 미는 어디까지나 미이다.

'수'는 빼어나다, '우'는 우아하다, 여기까지는 받아들일 만하다. 그러나, 70점 맞은 자녀의 성적을 보기 좋다고 할 교사나 부모는 별로 없지 않을까. '양'은 70점에 미치지 못했지만 양호한 성적이다. '가'는 60점 이하로 낙제를 일컫는 말인 것을 모르지 않지만, 그래도 괜찮다는 거다. 따뜻한 시선이다. 사랑하는 사람에 대한 평가는 수우미양가이어야 한다. 그래야 하는데…

셈법

사과 열 개 중에서 두 개를 먹었다. 몇 개 남았는가? 평소에 별로 반응이 없던 학생의 손이 자신 있게 올라갔다. 두 개 남았습니다. "엄마가, 먹는 게 남는 거라고 해서." 자기만의 셈법이 공인되지 않았다고 해서 잘못된 건 아니다. 산수 시간에 철학을 하면 점수가 보장되지 않는 게 문제일 뿐이다. 세상에서 가장 겁나는 뺄셈은 나를 빼는 거다. 망한 셈 치고 나를 빼면 생각하지 못 했던 내가 남는다. 우리에서 나를 빼면 그 사람들이고, 다른 사람들에 나를 더하면 우리다. 우리라고 하면 셈이 확 달라진다. "네 남편을 불러 오라. 나는 남편이 없나이다. 네가 남편이 없다 하는 말이 옳도다. 너에게 남편 다섯이 있었고 지금 있는 자도 네 남편이 아니니 네 말이 참되도다." 있어도 있는 게 아니다. "주님은 나의 목자, 아쉬운 것 없어라." 없어도 없는 게 아니다.

다른 세상에서 함께 살기

요즈음 내가 느끼는 세상은, 생각이 전혀 다른 사람들이 함께 살지 않으면 안 되는 곳이다. 비슷한 환경에서 자라 크게 다르지 않게 살아옴 직한 사람들이 아주 딴판으로 세상을 보는 것이 놀랍다. 이제는 누가 누구를 설득할 수도 없다. 진영 논리에 갇혀 있어서다. 상대편을 설득하려는 시도는 대개 자기 진영 사람들의 생각을 굳혀 주는 것으로 끝이 난다. 무엇을 말하는가 못지않게 중요한 것이 누가 말하는 것인가라는 것을 진작 알았지만, 요새처럼 말의 내용을 제쳐놓고 발언자의 소속만을 크게 치는 세상에서 살게 될 줄은 몰랐다. '누가' '무엇을' 말하는가를 아울러 생각해야 하는데, 그렇게 이성적인 사람도, 그렇게 용기 있는 사람도 많지 않은 것 같다. 어쩌다가 저 사람과 편이 갈리게 되었을까 싶을 정도로, 생각이 달라도 존경스러운 사람이 적진에 다수 포진하고 있는 사회를 꿈꾸면 안 되는가.

나는 내가 아니다

프란츠 파농은 프랑스 식민지에서 태어난 흑인 정신과 의사, 알제리 혁명의 이론적 지주였다. 어릴 때부터 극심한 정체성 혼란을 겪으며, 다른 사람들이 규정한 왜곡된 정체성을 극복하기 위해 평생을 몸부림쳤다. 그의 책 "검은 피부 하얀 가면"은 그런 투쟁의 결과물이다. 말콤 엑스와 마틴 루터 킹이 영향을 받았다. 파농 평전의 우리 말 제목이 "나는 내가 아니다"이다. 나는 언제쯤 나일 것인가.

어거스틴은 기독교 신앙에 입문하기 전, 대단히 방탕하게 살았다. 예수 믿고 전혀 다른 사람이 되었다. 길을 가는데 여자 하나가 반가이 인사를 했다. 질펀하게 놀던 시절의 여인이었다. 모른 척했다. 여자가 달려가서 그의 앞을 가로막으며 말했다. "선생님, 접니다." 어거스틴이 대답했다. "너는 너지만, 나는 내가 아니다." 나는 언제까지 나일 것인가.

피로 사회

어느 시대에나 세상살이를 정확하게 짚어내는 눈 밝은 사람들이 있다. 철학자 한병철은, 우리 시대를 이끌어가는 신자유주의적 자본주의의 기본 원리를 자기 착취라고 진단한다. 계급사회에서는 지배계급이 피지배계급을 착취하는 데 한계가 있다. 더는 견딜 수 없을 때 저항하기 때문이다. 가장 극단적인 형태가 혁명이다. 그러나, 성취를 위한 자발적인 자기 착취는 인생이 완전히 망가질 때까지 멈출 줄을 모른다. 자기가 자기를 위하여 자기를 강제하는데, 이것은 흔히 자유로 인식되기 때문이다. 이런 이유로 현대사회는 불가피하게 피로 사회이다. 피로는 모든 친밀함과 공동체적인 삶을 파괴한다. 어떻게 벗어날 것인가. 그는 막간의 무위, 쓸모없는 쓸모에 눈 돌릴 것을 넌지시 제안하고 있다. 지나치게 악착같이 살지 말라는 말이다.

많아도 많지 않다

　스무 가지 아이스크림 중에서 하나를 선택한 사람과 다섯 가지 중에서 하나를 골라 먹은 사람이 있다. 누가 더 만족할까? 선택지가 적은 쪽이 선택한 것에 대한 만족도가 더 높다. 선택의 역설이다. 심리학자 배리 슈바르츠는 "많은 것이 적은 이유(why more is less)"를 자기 책의 부제로 삼았다. 사람들은 매사에 더 많은 선택지를 확보함으로 더 나은 삶을 살려고 한다. 그러나, 다양한 선택지가 곧바로 그만큼의 행복으로 연결되지 않을 뿐 아니라 오히려 뒤집힌 결과를 낳는다. 삶의 역설이다.

　그래서 그런 걸까. 아이폰은 언제나 사실상 한 종류이다. 캘리포니아 주민들의 자랑인 인앤아웃 버거는 햄버거와 치즈버거 딱 두 종류뿐이다. 곁다리로 감자튀김과 음료수만 취급한다. 아이폰과 인앤아웃 버거의 고객 만족도는 최상이다. 적은 것이 많은 것이다. 늘려도 행복하지 않다면 줄여 보라.

아, 마리아

아내가 임신을 하니 임신한 사람들이 눈에 들어왔다. 거리마다 전에 없던 임신녀들이 대거 출현했다. 딸을 잃고는 피에타가 눈에 잡혔다. 마리아가 예수님의 시신을 안고 있는 조각상을 보니 비통함이 절로 느껴졌다. 전에 같으면 뉴욕 메트로폴리탄아트박물관 산하의 클로이스터스박물관에 피에타 조각상이 그렇게 많은 것을 알아채지 못했을 것이다. 미켈란젤로가 20대에 조각한 성베드로 성당의 피에타와, 그가 88세로 죽기 전까지 다듬었다는 론다니니 피에타를 비교하며 살피는 일은 없었을 것이다. 마리아를 지나치게 우러르는 천주교 신앙에 대한 반작용으로 모범적인 신앙 여인을 홀대하는 개신교 신앙의 또 다른 편향에서 벗어나지 못했을지 모른다. 자기 처지와 형편에 따라 세상은 부단히 재구성되고, 관심사가 달라진 만큼 새로운 세상에 살게 된다.

흐르는 복

다산 정약용은, 사람이 누리는 복에 열복과 청복이 있다고 말한다. 뜨거운 복과 맑은 복 중에 사람들은 한결같이 열복을 바라지만 청복이 참 복이어서 하늘은 아주 귀한 사람들에게만 그 복을 내린다고 했다. 병조판서 오대익의 71세 생일을 축하하는 글의 한 대목이다. "외직에 나가 장군이 되어 깃발을 세우고 결재 도장을 찍으며 젊은 여인들과 즐겁게 놀다가 내직으로 들어와 높은 가마를 타고 조정에 들어가 정사를 결정하는 것을 열복이라고 한다. (이것이 당시 사내들이 바라던 복이다. 요즘은 이렇게 말하면 돌 맞는다.) … 비록 깊은 산 속, 아무도 알아주는 이 없는 곳에 살고 있지만, 푸른 계곡물을 바라보며 발을 담그고, 예쁜 꽃과 나무들을 벗하며, 인생의 사소한 데서 의미를 찾는 것이야말로 진정 청복이다."

지지리도 못살던 시절에는 보이는 데마다 온통 복이었다. 여기저기 복에 대한 기원이 넘쳐났다. 밥그릇과 수저에 '복'을 새겼고, 이불이나 베갯잇에도 복이 있었다. 그 복들이 주는 느낌은 네모반듯하여 지나치게 견고했다. 성경이 가르치는 복은 하나님께 받아 다른 사람에게로 흘러가는 것이다. 주님께 얻은 것을 다른 이에게 건네면서 삶이 풍성해진다. 내 복의 일부라도 다른 사람의 복이 될 때 그게 정말 복이다. 도처에 복을 새기고 바라는 것은 좋은 일이나, 그 복은 당장이라도 흘러갈 것 같은 모양이어야 한다. 정민 교수의 책 "석복"의 서언 첫머리다. "석복은 복을 아낀다는 뜻이다. 옛사람은 이 말을 사랑했다. 다 누리지 않고 아껴둔 복은 저축해 두었다가 함께 나눴다."

반복이 기적을 낳는다

잔 우든은 UCLA 감독을 하며 12년 동안 열 번이나 전국대회 우승을 거머쥔 미국 대학 농구의 전설이다. 그가 전하는 기량 습득의 네 가지 법칙은 조금도 특별하지 않다. 설명을 듣고, 시범을 보고, 이를 흉내내고, 계속하여 반복한다. 압박감에 짓눌리는 상황에서도 본능처럼 발휘될 수 있는 올바른 습관을 만드는 것이 목표라고 했다. 목표 달성을 위해 그가 만든 여덟 가지 법칙이 남다르다. 설명, 시범, 모방, 반복, 반복, 반복, 반복, 반복이다.

반복이 기적을 낳는다고 입버릇처럼 말하던 신학교 친구의 말을 이제야 복창하며 그 말의 무게를 실감한다. 37년 동안 하루 14시간씩 연습했더니 사람들이 자기를 천재라고 하더라는 바이올린 연주자 사라사테의 말은 너무 끔찍해서 잊고 싶다. 우리 교회 첼리스트 자매에게 사라사테의 연습량에 대해 사실 여부를 물은 적이 있다. "저는 연주회를 준비할 때마다 하루에 16시간 연습하는데요." 그럴듯한 사람은 다들 그렇게 사는 모양이다. 허나 나는, 조금 지나치다 싶게 반복하되 걸출한 사람은 되지 않기로 한다.

행복의 경제학

개미의 체중은 5mg 안팎이다. 그렇게 가벼운데도 개체 수가 워낙 많아서 지구상에 있는 개미들의 전체 무게를 달면 전 인류의 체중과 맞먹는다. 작아도 많으면 이럴 수 있다. 집에서 늘 마시던 커피 맛이 어느 날 확 다르게 좋았다. 케익 한 조각을 먹은 뒤에 커피를 마시니, 혀에 남은 크림 맛과 어울려서 빚은 결과였다. 기분이 좋았다. 행복은 소소한 즐거움의 총합이다. 대박에 기댄 행복의 빈곤에 댈 게 아니다. 거액 복권 당첨자의 행복감은 일 년이 못 되어 이웃 수준으로 돌아온다고 한다. 대박은 쉽지도 잦지도 않은 일인데 심리적인 유효기간이 그렇게 짧다니 놀랍다. 누구 말대로 행복은 강도가 아니라 빈도다. 갑남을녀에게 빈도는 다시 말해 소소함이다. 인생을 제대로 경영하자면 행복의 경제학에 대해서도 생각해 두어야 한다. (노파심에서 덧붙인다. 갑남을녀는 남자가 갑이라는 말이 아니다. 그러고 보니 오해 소지가 있는 구시대의 어휘다.)

독수리는 무리 지어 날지 않는다

　인간이 사회적인 존재라는 것을 유행만큼 선명하게 보여 주는 것이 있을까. 사람은 누구라도 다른 사람들에게서 완전히 자유롭지 않다. 유행은 무리에서 벗어나 혼자 걷는 것을 두려워하는 심리에서 비롯된 자연스러운 현상이다. 같은 동아리에 소속해 있다는 표시이기도 하다. 그렇다고 해도 우리나라 사람들이 유행에 휩쓸리는 것은 성급하고 지나치다. 조금 과장하면, 어느 한때 모든 여자가 같은 머리를 하고, 같은 스타일의 옷을 입고, 같은 색깔의 립스틱을 바른다. 체형과 관계없이 몸에 붙는 옷을 입고, 얼굴 모양에 어울리지 않는 헤어스타일을 따른다. 유명한 요리사가 텔레비전에서 음식 조리법을 소개하거나 전문가가 건강식이라고 말하면 그날로 그 음식 재료가 동이 난다. 빠른 걸음으로 잽싸게 따라붙지 않으면 큰일 날 것 같은 분위기다. 유행과 무관하게 살자는 게 아니라 다소 다르게 사는 것을 겁내지 말자는 거다. 삭발한 남자가 한복차림으로 파리 거리를 활보해도 신경 쓰는 사람이 전혀 없어 놀랐는데, 한국에 돌아와서 그 행색으로 지하철을 탔더니 모두가 이상한 눈으로 쳐다보아 몹시 놀랐다고 한다. 다른 사람들이 어떻게 사는지 곁눈질하며 살더라도 무리에서 잠시 이탈하면 사달이 날 것처럼 조바심치며 살지는 말자.

울지 마라, 울긴 왜 울어

기쁠 때 웃고, 슬플 때 운다. 보통 그렇다. 너무 기쁘면 운다. 슬픔이 지나치면 울지 못한다. 그럴 때는 웃음이 울음을 대신하기도 한다. 그러고 보면, 적당히 기쁠 때 웃고, 적당히 슬플 때 우는 셈이다.

대화 중에 웃는 경우를 조사한 결과 대부분 별것 아닌 내용으로 웃는다는 사실이 밝혀졌다. 웃음을 흔히 기쁘거나 재미있을 때 나타나는 얼굴의 반응 정도로 알고 있지만, 웃음은 대체로 우호적인 분위기의 산물이다. 잔잔한 웃음에 가끔 파안대소를 곁들이며 살고 싶다. 내 일이건 남의 일이건 너무 기뻐서 눈물 나는 일이 많으면 좋겠다. "울지 마. 울지 마. 좋은 일에 울기는 왜 울어."

매뉴얼을 잘 읽으리라

"내가 인생을 다시 산다면, 이번에는 더 많은 실수를 저지르리라… 좀 더 바보가 되리라… 모든 일을 심각하게 생각하지 않으리라… 아이스크림을 많이 먹고 콩 음식은 덜 먹으리라…." 나딘 스테어의 산문시 내용의 일부다. 이른 봄부터 늦가을까지 맨발로 지내고, 데이지꽃을 더 많이 꺾겠다는 건 그럼직한데, 입에 좋고 몸에는 나쁜 것을 더 많이 먹겠다는 건 엉뚱하다.

내가 인생을 다시 산다면… 다른 사람의 것도 인상적이다. 매뉴얼을 잘 읽으리라. 지니고 있는 것을 충분히 누리겠다는 말이다. 자기가 가진 전자기기의 기능을 속속들이 파악해서 온전히 활용하는 사람은 별로 없다. 휴대전화도 그렇고, 컴퓨터 프로그램의 경우도 마찬가지다. 인생의 남은 날이라도 새로운 소유에 대한 욕심을 줄이고 수중에 있는 것을 더 많이 즐겨야 한다. 있는 것을 먼저 충분히 즐기고, 내 것이 아닌 것 중에 내 것처럼 누릴 수 있는 것이 있는지도 둘러보아야 한다. 세상 거의 모든 것은 가진 자의 것이라기보다 누리는 자의 것이다. 즐기기로 하자면, 설악산을 내 이름으로 등기할 필요가 뭐 있겠는가.

세상에서 가장 어려운 산수

　에릭 호퍼, 1902년 뉴욕 브롱스에서 독일계 이민자의 아들로 태어났다. 일곱 살에 사고로 어머니를 여의고 시력을 잃었다. 열다섯 살에 극적으로 시력을 되찾은 후 샌프란시스코에 정착하여 떠돌이 노동자의 삶을 살았다. "나는 세상에서 혼자 몸이었지만 두려운 것은 없었다… 굶은 지 사흘째 되는 날에는 마치 누가 손으로 내 위를 쥐어짜면서 가슴 쪽으로 밀어붙이는 것 같았다… 배고픔은 두려운 것이 될 수 없었다… 나 외에는 다른 누구도 원망하지 않는다." 그는 부두 노동자, 농장 노동자로 일하며 틈틈이 책을 읽고 사색했다. 몇 권의 책을 내면서 일약 '거리의 철학자'라는 이름을 얻었고, 대통령 자유훈장을 받았다. 추수감사절에 생각하는 그의 말이다. "세상에서 가장 어려운 산수가 있다면 그것은 바로 우리에게 주어진 축복을 헤아리는 것이다."

긍정의 오아시스

낙관주의자, 염세주의자, 현실주의자 중에 누가 고난 대처 능력이 뛰어날까? 베트남 전쟁 포로에서 8년 만에 풀려나 훗날 3성 장군을 지낸 제임스 스탁데일의 증언에 의하면, 사태를 직시한 현실주의자들이 예상과 달리 비참한 환경을 버티고 대부분 살아남았다. 심리학에서 스탁데일 역설이라고 한다. 현실을 바로 인식하는 것과 긍정적인 시각을 갖는 것은 서로 다른 일이다. 전도서 기자는 인생이 헛되고 모든 수고가 무익하다고 진단한 뒤에 평범한 일상을 즐기면서 선한 일을 도모하는 것이 허무한 삶을 풍성하게 사는 방법이라고 조언한다. 신학자 필립 라이큰이 말하는바 "절망의 사막 가운데 있는 긍정의 오아시스"이다. 삶의 정체에 대한 바른 인식이 결여된 낙관주의는 긍정의 배신을 경험할 수밖에 없다.

동메달이 더 행복하다

마르쿠스 아우렐리우스는 그 옛날에 이미 "우주는 변화요, 삶은 견해"라고 했다. 어떻게 생각하느냐에 따라 삶이 달라진다. 어디를 보는지에 따라 삶이 달라 보인다는 말이다. 1992년 여름 예루살렘에 머물며, 황영조 선수가 바르셀로나 올림픽 마라톤 경기에서 금메달 따는 것을 시청하던 감격이 아직 생생하다. 이스라엘은 유도 종목 은메달을 따서 온 나라가 뒤집어졌다. 역사상 처음 올림픽 메달이었다. 바로 그 바르셀로나 올림픽 메달 수상자들을 대상으로 하는 흥미로운 심리학 연구가 있었다. 은메달과 동메달을 딴 선수 중에 누가 더 행복한지 조사했다. 동메달 선수들이 더 행복했다. 은메달은 금메달과 자신을 비교하고, 동메달은 메달을 따지 못한 사람과 자신을 비교했기 때문이다. 은메달은 기쁨보다 아쉬움이 컸고, 동메달은 아쉬움보다 안도감이 컸다. 은의 시선은 흔히 금을 향하고, 동의 시선은 노메달을 향하는 것도 재미있다. 위만 쳐다보고 살 게 아니다.

묘한 게으름

똑같이 받은 것 중에 더 중요한 축에 들어가는 것이 시간이다. 일에 분주할수록 중요한 것을 잘 관리해야 한다. 시간 관리의 핵심은 짧은 시간에 많은 일을 하는 게 아니다. 가장 중요한 일을 빠뜨리지 않고 시행하는 것이다. 그러자면 중요한 일을 먼저 해야 한다. 그렇게 하면 덜 중요한 일까지 해낼 수 있지만, 중요하지 않은 일에 치중하면 중요한 일을 제대로 하지 못하게 된다는 것이 전문가 조언이다. 시간 관리는 불가피하게 우선순위를 정하는 일로부터 시작된다. 바빠서 어떤 일을 하지 못한다는 것은 그 일이 우선순위에서 밀렸다는 것을 뜻한다. 시간이 없어서 하지 못하는 일은 있을 수 없다. 중요한 일을 제쳐놓고 그만 못한 일을 열심히 잘하는 것이 깜빡 속기 쉬운 게으름이다. 촌음을 아껴 부지런히 사는 사람이 한 번은 생각해 봐야 하는 일이다.

물고기에게 미안하다

　무심코 쓰는 이상한 말이 많다. 강제윤 시인이 작은 섬에 사는 소회를 적은 '보길도 편지'에 물고기를 향한 미안한 마음을 담았다. 대강의 내용은 이렇다. "고기란 온갖 죽은 동물의 살을 말한다. 소, 돼지, 닭이 죽어서 쇠고기, 돼지고기, 닭고기가 된다. 살아있는 닭을 보고 닭고기라 부르지는 않는다. 그런데 물고기는 살아 있어도 고기라 부른다. 얼마나 잔인한 호칭이며 무자비한 인식인가." 물고기에게 미안하다.
　테니스나 탁구에서 공을 상대 코트에 보내면서 경기를 시작하는 것을 서브라고 한다. 서브는 다른 사람을 배려하여 편의를 제공하는 것인데, 강한 공격을 퍼부으면서 서브라니? 서브는 본래 상대 선수에게 부드럽게 공을 건네는 동작이었을 것이다. 먼저 시작하는 사람이 불리했고, 그것은 곧 상대를 위하는 일이어서 서브라 불리는 것이 적절했을 것이다. 언제부터인지 상대 코트로 모질게 공을 찔러 넣으면서도 민망하게 계속하여 서브라 부르고 있다. 말뿐인 선행이다.
　극장에 가면 본 영화를 상영하기 전에 예고편을 먼저 보여준다. 영어로는 트레일러라고 한다. 이상하다, 트레일러는 뒤에 붙는 것인데…. 옛날에는 본 영화가 끝난 뒤에 보여 주던 것을 앞자락으로 옮겨 왔는데도 익은말을 그대로 쓰고 있다. 예고편은 어디에 붙든지 예고편이지만 트레일러가 그러면 안 되는데….

가출 혹은 출가

피카소가 신기하다. 피카소가 대단하다고 말하는 사람들이 더 신기하다. 내게 피카소 그림은 사람들이 대단하다고 해서 대단한가 보다 하는 것이지, 아무도 없는 데서 나 혼자 생각하기에 대단한 것은 아니다. 무식하다. 피카소가 다른 사람들에게 크게 인정 받는 자기 세계를 구축하고도 부단히 그 세계를 박차고 다른 데로 나아가고자 했던 것을 대단하게 여길 뿐이다. "성공은 위험하다. 성공은 자기 자신을 복제하기 시작한다. 자신을 모방하는 것은 다른 사람을 모방하는 것보다 더 위험하다. 결국은 불임에 이르게 한다."

데생 실력이 탁월하고, 초기 작품은 다른 사람들의 것과 크게 다르지 않았다. 사물을 그대로 그릴 수 없어서 그렇게 이상하게 그리는 건 아니라는 말이다. 무엇을 보고 그대로 그릴 수 있어야 나름대로 그릴 수 있다. 바둑으로 치면, 정석을 알고 정석을 잊어버리는 것이다. 남들처럼 둘 수 있지만, 그렇게 두지 않는다. 바둑 격언을 바탕으로 치열한 직장생활을 그린 만화 '미생'의 작가 윤태호는 기본기란 헤맬 때 다시 돌아올 수 있는 지점이라고 했다. 돌아올 데가 없는 사람은 멀리 가지 못한다.

자기 집이 없는 사람은 여행이 즐겁지 않다. 예술이나 인생은 집을 든든히 세우고 그 집을 나서는 것이다.

맞지 않고 때릴 수는 없다

평생 글을 써서 밥벌이하는 사람이 기회가 되면 복싱을 하고 싶었다. 꿈으로부터 달아난 인생이 행복할 수 없다는 생각으로 사십 가까운 나이에 복싱을 시작했다. 프로 데뷔전을 치르는 데까지 성공하고는 복싱에서 얻은 인생의 교훈을 책으로 펴냈다. 신념과 유연함이 균형을 이룰 때 인생을 잘 살 수 있다는 것이 가장 큰 배움이었다. 신념은 기본기에 해당한다. 유연함이 필요한 것은 기본기가 적용되어야 할 링에서 변화무쌍한 일이 벌어지기 때문이다. 그는 말한다. "기본기를 잊을 때까지 훈련하고, 아는 것을 잊을 때까지 공부한다." 기본기를 몸에만 남기고 머리에서 지워야 한다.

그가 이해한 복싱은 무엇보다도 잘 맞고 잘 때리는 것이었다. "맞을 수 없다면 때릴 수 없다." 복싱이 맞는 것이라는 것을 깨닫기 전에는 제대로 때릴 수 없다. 근성 있는 격투기 선수, 코리안 좀비 정찬성도 인터뷰에서 똑같은 이야기를 했다. "맞지 않고선 이길 수 없다. 내가 맞은 고통 속에 공격의 기회가 숨어 있다." 그의 전략은 한 대 맞고 두 대 때리는 것이었다. 두 대를 때리려면 한 대를 맞을 수 있는 각오와 맷집이 있어야 한다. 그런 정신 무장으로 덤벼도 두 대 맞고 겨우 한 대 때릴 때가 있다.
그것이 인생이다.

쓸모없는 선물

　받고 싶은 선물 부동의 1위는 재미없게도 현금이다. 원하는 선물을 받기가 대단히 어렵다는 말이다. 쓸모없는 선물이 많다는 뜻이기도 하다. 미국에서 교사가 받고 싶지 않은 선물은 초콜릿과 양초가 으뜸이다. 오 헨리의 소설 '크리스마스 선물'에서 가난한 부부는 심사숙고 끝에 상대방을 위해 희생적인 선물을 마련한다. 남편 짐은 가보와 같이 아끼는 시계를 팔아 장식 빗을 사고, 아내 델라는 빛나는 머리카락을 잘라 가죽 시곗줄을 장만한다. 그 선물들은 의도와 다르게 당장의 쓸모를 비껴갔다. 아내의 머리는 다시 자란다고 해도, 남편의 시계는 다시 찾을 수 없다. 작가는 이 소설의 제목을 '동방박사의 선물' '현자의 선물'이라고 했다. 두 사람의 선물은 그 의도만으로도 가장 지혜로운 자의 선물이다. 이렇게 감동적으로 쓸모없는 선물이 다시 있을까. 사랑은 그저 쓸모가 아니다.

손을 잘라 몸을 구한다

바둑은 인생의 축소판이다. 정석을 알아야 바둑 두기가 쉽고, 전체 국면을 살펴야 돌의 효용을 크게 할 수 있다. 정석을 아는 것만큼 중요한 것이 상황에 맞게 정석을 선택하는 것이다. 정석은 득실 면에서 흑백 간 균형이 검증된 것이지만, 주변 배석에 따라 결과가 크게 달라진다. 전체 국면을 살피는 일에 소홀하면 전투에 이기고 전쟁에 지게 된다. 부분적으로 좋은 것이 승패에 부정적인 영향을 미치는 것을 왕왕 경험하고 있다. 고수들은 한 부분을 내어 주고 바둑을 유리하게 이끄는 사석 작전에 능하다. 큰 것을 얻기 위하여 작은 것에 연연하지 않는다. 위기에는 손을 잘라 주고 몸을 구해야 한다.

너무 피곤해서 꿈꾸는 세상

　회의주의의 역사가 꽤 오래다. 회의주의자는 의심의 눈초리로 사물을 살피고 다른 사람의 주장을 선뜻 받아들이지 않는다. 원시시대에는, 확실하지 않은 것을 부정적으로 판단하는 것이 긍정적으로 판단하는 것보다 안전했다. 짐승의 움직임인지 바람에 흔들린 것인지 분명하지 않을 때 그저 바람이겠거니 좋게 생각하는 것은 치명적인 위험을 불러올 수 있었다. 그런 삶의 태도가 오랜 세월에 걸쳐 사람들의 뇌리에 새겨졌을 것이므로, 사물이나 다른 사람들의 견해에 관한 판단이 다소 부정적인 데로 기우는 것은 이해할 만하다.

　그렇다고 해도 지금은 긍정적으로 잘못 판단한다고 해서 당장 극심한 위험에 노출될 만큼 위험한 세상이 아니다. 그러나, 요즈음은 가짜 뉴스가 너무 많고 각종 음모론이 사방에 널려 있다. 20%의 미국인이 아폴로 11호의 달 착륙을 의심하고, 911 음모론을 그대로 믿는 사람들도 상당수에 이른다. 무심하게 어느 쪽을 따라갈 수 없는 피곤한 세상에 살고 있다. 건전한 회의주의 없이 사회 발전이 있을 수 없다고 생각하면서 심성이 따뜻한 회의주의자가 많은 세상을 꿈꾸는 것은 너무 순진한가.

두루 어우러져서

자연스럽게 잘 어울리는 옷이 그 사람에게 좋은 옷이다. 평소에 선호하지 않는 스타일이나 부담스러운 색상의 옷을 시도하면 처음에는 남의 옷처럼 어색하다. 잘 어울리지 않는다. 그런데 그 옷을 자꾸 입어 버릇하면 그 맵시나 색깔이 내 몸과 어우러져서 제법 잘 어울리게 되는 경우가 있다. 내 눈에 익숙해졌다고 보면 퍽 이상한 일이 아니다. 신기한 것은, 그럴 때쯤 되면 내가 그 옷 입은 것을 처음 보는 사람에게도 그 모습이 꽤 자연스러워 보인다는 것이다. 옷과 몸이 시간을 두고 서서히 넘나들어서 옷이 마침내 내 존재의 일부처럼 되는 게 아닌지 모르겠다. 생경한 것들이 두루 어우러져서 마침내 어울리는 게 많으면 좋겠다.

바지는 곤란하다

한 형제가 분홍색 바지를 입고 교회에 나타났다. 보는 사람마다 한마디씩 했다. 그 형제 말이, 같은 색깔 옷을 위에 입으면 아무도 신경 안 쓰는데, 왜 그 색깔이 아래로 내려오면 이상하게 여기는지 모르겠다는 거다. 복잡할 것이 없는데 설명이 안 되는 일이 많다. 왜 남자들은 웃통을 벗어도 되고 여자들은 안 되느냐고 젊은 여자들이 상반신을 노출하고 거리에 나선 적이 있다. 설명 불가다. 왜 여자들이 흡연하는 것에 대해 시선이 곱지 않은가. 이유를 대라고 하면 설명이 궁하다. 여자들이 공공연히 담배 피우는 것이 부담스럽던 시절에 왜 할머니들의 흡연은 용인되었는가. 정서는 반드시 논리적이지 않다. 말이 안 되는 정서가 말이 되는 논리보다 더 힘이 세다.

없이 살기

 많이 지니고 사는 사람이 능력 있는 사람인가, 아니면 가진 것 없이 너끈히 잘사는 사람이 능력 있는 사람인가. 안타깝게도 사람은 지닌 것에 매이게 되어 있다. 부리려다가 잡히는 경우가 허다하다. 이를 깨달은 사람은 적게 지니려고 무진 애썼다. 디오게네스는 컵 하나만 달랑 가지고 돌아다니다가 시골 아이가 두 손으로 물을 떠먹는 것을 보고 그것마저 던져 버렸다. 하지만 많이 지닐수록 삶이 자유로워진다고 믿기가 더 쉽다.
 큰 도시에 살던 가정이 아미쉬 마을로 이사했다. 이웃 사람이 짐 부리는 일을 도우며 가재도구가 많은 것에 놀랐다. "이것 중에 하나라도 고장이 나면 언제라도 달려오겠습니다." 도시 사람이 놀라서 물었다. "아니, 이런 걸 고칠 줄 아세요?" 아미쉬가 말했다. "아니요. 그것 없이 사는 방법을 가르쳐 드리려구요." 많은 물건을 지니고 홀가분하게 살기는 어렵다. 없어서 문제가 아니라 아무래도 너무 많아서 문제인 것 같다. 몇 해 전에 작은 집으로 이사하며 팔 벌릴 정도 폭의 옷장에 걸 옷만 남기고 모두 버렸다는 자매를 당장에 흉내내기는 어렵겠다. 남은 인생은 하나 사고 두 개 버리며 살아야 한다.

답 없는 답을 찾아 일가를 이루다

어느 분야에서나 경지에 오른 사람들은 남다른 데가 있겠지만 바둑이 정말 그렇다. 우리 바둑을 일본과 중국에 맞먹는 수준으로 올려놓은 조훈현, 그의 스승 세고에 겐사쿠도 대단한 사람이었다. 조훈현을 제자로 들여앉히고 바둑에 관해 아무것도 가르치지 않았다. 답이 없는 게 바둑이라 답을 줄 수 없으니 스스로 답을 찾으라고 했다. 9년 동안 함께 살면서 단 한 번도 바둑을 어떻게 두라든지 그렇게 두면 안 된다든지 이야기한 적이 없었다. 바둑을 지든 이기든 아무 말이 없었다. 스승 얼굴만 쳐다보고 바둑을 배워 일가를 이루었다. 조훈현도 훗날 내제자 이창호를 그렇게 키웠다. 지도 대국 한 판 둔 일이 없었다. 이창호는 세계 일인자 자리를 15년이나 굳게 지켰다. 그이들은 한결같이 바둑 앞에서 겸손했다. 조훈현은 말한다. "나는 수많은 바둑 고수들을 만나봤지만, 그들 중에 교만한 사람을 본 적이 없다." 굉장하다. 요새도 그런지는 모르겠다.

최악의 조건을 반기라

냉혹한 자연이 취약한 인간에게 일러 주는 바가 크다. 약육강식의 자연에서 약한 생물들이 어떻게 사는지를 살피면 빼어나지 못한 사람이 난세에 살아남는 법을 배울 수 있다. 생태학자에 따르면, 자연에서는 최악의 조건이 약자에게 오히려 기회가 된다. 변화가 불가피한 상황이 호재가 된다는 말이다. 이나가키 히데히로의 예가 적나라하다. 조기 축구팀이 정상 조건에서 국가대표팀과 맞붙어 이길 가능성은 전혀 없다. 완벽하게 안정된 환경은 강자의 놀이터다. 앞이 보이지 않을 정도로 장대비가 쏟아지는 질척한 곳에서 경기한다면, 작게라도 동호회가 이길 가능성이 열린다. 강자가 불편해하는 열악한 환경이 약자에게는 모처럼의 좋은 기회다. 최악의 조건을 두려워하고 변화를 피하려 한다면, 팬데믹 광야 시절에 약자가 사는 방법은 달리 없다고 보아야 한다. 힘겹더라도 판이 뒤집힌 세상이 약자에게는 절호의 기회다.

그들 사이

봄이 온다.
겨울을 밀어내고 봄이 오는 것이 아니다.
겨울이 가고 봄이 오는 것도 아니다.
겨울이 올 때 봄이 따라 온 것이다.
겨울은 손짓하여 봄을 부르고
봄은 여름과 가을 너머
멀찍이 떨어진 겨울더러
서둘러 오시게, 하는 것이다.

넓고 깊게 파라

　과학은 통상, 가설을 입증하는 과정이다. 그 가설은 경험에 터를 둔 상상력에서 온다. 그런 이유로 아인슈타인도 지식보다 상상력이 중요하다고 했다. 그 상상력은 상당 부분 인문학적이다. 상대성이론의 대가도 "나는 술 대신에 철학 고전에 취하겠다"고 하지 않았는가. 과학에 인문학적인 통찰력이 필요하고, 인문학에는 과학적인 소양이 필요하다. 세상을 제대로 파악하려면 전통적인 학문의 경계가 무너져야 한다. 여러 방면에 두루 두각을 나타냈던 르네상스적인 인물이 절실하다. 누구 말마따나 깊게 파기 위해서는 넓게 파야 한다. 너무 좁아지면 어느 순간 더는 깊어질 수 없게 된다. 제너럴리스트는 전체를 보는 눈이 밝은 사람을 일컫는 말이고, 스페셜리스트는 부분 경영에 능한 사람이다. 대단한 스페셜리스트가 되려면 전체를 배경으로 부분을 파악하는 능력이 필수다. 아날로그 시계는 지금 시각이 전체에서 차지하는 위치를 선명하게 보여 주고, 디지털시계는 방해 없이 단번에 현재를 파악하게 한다. 이 둘은 대체되면 안 되는 관계다. 나는 두 종류의 시계를 번갈아 차고 다닌다.

봄 난장

수양버들 가지에 스미는
봄을 보아라
엄동을 지나온 온기
세상에, 아이구 세상에
이렇게 조용한 희망이 있는가
이렇듯 은근한 위로가 다 있는가

   해마다 수양버들을 보며 봄을 기다린다. 버드나무 가지가 파스텔 색조로 물드는가 싶으면 이내 봄이 들이닥쳐 지천으로 난리인 것을 보는 게 즐겁다.

무명의 편안함

이만한 나이가 되기까지 살면서 얻은 확실한 깨달음이 있다. 사실 너무 평범해서 깨달음이라고 할 것도 없다. 세상에 다 좋은 일도 없고, 다 나쁜 일도 없다는 것이다. 마찬가지로, 다 좋은 사람도, 다 나쁜 사람도 없다. 좋은 일마다 그림자가 있고, 좋은 사람과 어울리면서도 어느 정도 참아내야 할 부담이 있게 마련이다. 반대 사실이 더 중요하다. 궂은일에도 유익이 없지 않다. 젊은 축에 들어가는 한 형제가 코로나 백신을 맞았다고 해서 놀랐더니 기저질환이 있다고 했다. 기저질환이 좋은 것인 줄 처음 알았다고 하며 축하해 주었다.

인간은 사회적인 존재이다. 다른 사람들에게 인정받는 사람이 되기를 바란다. 당연하지만 지나치면 관종 소리를 듣게 된다. 유명인들은 대중의 관심에 아주 민감하다. 많은 사람의 박수갈채를 받는 만큼, 어디서도 숨어 지낼 수 없는 불편을 감수해야 한다. 그들은 유명인이 받는 갈채와 평범한 사람들이 누리는 무명의 편안함을 동시에 갈망한다. 가능하지 않다. 무명도 좋은 것이다. 유명인들이 그렇게 원하는 것을 아무렇지도 않게 매일 경험하고 있으니 말이다. 각자 자기에게 유익한 것으로 행복할 일이다.

팬데믹의 벽 앞에서

　기존의 방식으로 삶을 도모하다가 인생이 벽에 부딪힐 때가 있다. 다른 방법을 모색할 수밖에 없다. 전화국에서 수동으로 두 사람을 연결하던 시절, 수요가 늘어나면서 그 방법이 더는 가능하지 않다는 것을 알게 되었다. 그 도시에 사는 젊은 여자들을 모두 동원하여 그 일을 하게 할 수는 없었다. 자동식 연결 방식을 고안하지 않으면 안 되었다. 막다른 골목을 맞닥뜨리는 것이 나쁘다고만 할 수 없는 이유다. 평상시에 전혀 생각할 수 없는 새로운 삶의 길을 탐색하게 되기 때문이다.

　모든 사람이 빨리 달리는 마차에 골몰할 때 자동차 왕 포드는 전혀 다른 교통수단을 생각했다. 이처럼 전진이 불가능한 아찔한 국면에 이르기 전에 다른 방식의 사업이나 다른 모양의 삶을 생각하는 것은 평범한 사람에게 쉽지 않은 일이다. 비범한 사람만이 평상시에 다른 세계를 상상한다. 그러나, 일상이 벽에 부딪히면 누구나 삶을 다시 생각하지 않을 수 없다. 팬데믹은 평범하고 게으른 사람들을 깨워 다른 삶을 촉구한다. 길이 끊어졌는가. 팬데믹의 벽에 머리를 찧었는가. 상처가 아물기 전에 정신을 차리고 새로운 길을 찾으라. 10% 이익을 더 내는 것보다 30% 수익을 늘리는 것이 더 쉽다는 경영학의 조언을 떠올려야 한다.

저항 없는 전진?

　새로운 일을 시작할 때마다 마음에 두는 물리 법칙이 있다. "움직이는 모든 물체는 저항을 받는다." 어떤 일을 추진하자면 저항을 예상하는 것이 실로 자연스럽다. 장애가 없으면 좋겠지만 세상살이가 그렇지 않다. 인생은 어려움을 넘어 다니는 것이고, 닥치는 대로 문제를 해결하는 것이다. 생각해 보면, 저항 없는 전진에 대한 기대는 자연법칙을 거스르는 소망이다. 지면에서 물체의 이동은 마찰 덕분에 가능하다. 공중에서도 마찬가지다. 새는 공기 저항 없이 날 수 없다. 빙판에서 스케이트를 탈 때도 한 발로 마찰을 만들고서야 비로소 진행이 가능하다. 마찰이 없을 때는 일부러라도 저항을 만들어야 앞으로 나아갈 수 있다는 말이다. 무턱대고 마찰이나 저항 없는 인생을 꿈꿀 게 아니다. 진보를 꿈꾸는 자, 고난을 마다하지 말라. 그럴듯한 인생은 힘이 든다.

십자가 장식

예수 그리스도는 십자가 죽음을 통해 사람을 하나님께 연결했다. 신의 죽음으로 사람의 아들들이 하나님의 아들들이 되었다. 신과의 접속, 인간이 지상에서 경험할 수 있는 가장 신비한 사건이다. 십자가는 사람과 사람을 연결하는 일이기도 하다. 국외자를 사귐 안으로 끌어들여 하나님과 화목하게 하는 일이라는 게 성경의 가르침이다. 신앙은 유대인과 헬라인, 종과 자유인, 남자와 여자, 당시에 전혀 어우러질 수 없는 이들을 묶어 하나가 되게 했다. 처음 교회는 십자가 정신으로 그 시대의 문화나 정서를 훌쩍 뛰어넘었다. 주인과 노예가 어울리는 곳은 제국 안에서 교회가 유일했다.

며칠 전 애틀랜타 근교에서 벌어진 인종 혐오 사건의 살인범이 종교에 빠져 있었다는 고교 동창의 증언은 충격적이다. "피자, 총, 드럼, 음악, 가족, 그리고 신으로 내 인생 대부분이 요약된다." 범인이 인스타그램에 적은 글이다. 신앙은 자칫하면 겉멋에 지나지 않는다. 흑인들을 나무에 목매달고 불태워 죽이면서 정장 차림으로 환하게 웃었던 백인들이나 대표적인 인종 혐오 집단인 KKK 대원 대부분이 크리스천인 것은 섬뜩한 일이다.

그들에게 십자가는 목걸이처럼 장식에 불과하다. 가슴 아픈 사순절이다.

유식한 만큼 무식하다

아는 게 없으니 모르는 것도 많지 않았다. 아는 게 늘어가면서 새로이 알게 된 것보다 모르는 것이 더 많아졌다. 안다는 것은 모른다는 것을 아는 것에 지나지 않는다. 안다는 것은 알아야 할 세계가 확장되었다는 말이다. 좁아도 천장이 높은 집에 살고 싶다.

훈수 요령

국가대표 축구팀의 경기를 관전하며 신나게 욕하려면, 자기가 동네 축구에서 골을 그리 자주 넣는 사람이 아니라는 것쯤은 잊어야 한다. 그들이 축구할 때 나는 무엇을 했는가를 당연히 잊어야 하고, 자신이 자기 분야에서 그리 빼어난 사람이 아니라는 것이 문득 떠오르지 않도록 해야 한다. 줄기차게 전지적 작가 시점을 유지하지 않으면 자기 나름의 해설이 얼마나 싱거울 것이며, 인생이 얼마나 심심하겠는가. 다른 사람을 판단할 때는 아무쪼록 자기를 잊어야 한다.

고양이는 고양이다

 자기 진영 없는 삶을 생각하기 어렵다. 사람은 심정적으로라도 어디에 소속하기 마련이다. 그래서 진영에 갇히는 위험을 피해야 하는 것은 누구에게나 해당하는 과제다. 그런데 요즈음은 오히려 자기를 스스로 진영에 가두는 사람들이 점점 많아지고 있다. 그 결과로 진영 논리의 피해자 신세를 면하지 못한다. 경직된 사고가 흔히 투철한 신념으로 오인된다. 사안에 따라 진영을 넘나드는 자유로운 사고의 소지자는 어느 쪽에서도 환영받지 못한다. 인종 혐오는 가장 치졸한 진영 인식의 결과물이다. 검은 고양이와 흰 고양이를 그저 고양이로 보는 기본적인 태도가 절실하다. 누런 고양이를 포함하여…

철없는 불평

여름이 덥다고
겨울이 춥다고
봄이 노곤하다고
가을이 쓸쓸하다고
어쩌라고…

날씨처럼

흐린 날,
사물이 더 또렷하게 보인다.

인생도 그렇다.

풍경

나무는 평생을 한 자리에서 행복할까?
작은 섬, 홀로 피었다 지는 해당화가
건너편 산자락의 소나무 걱정을 했다.
검은 짐승 한 마리,
어둑한 산을 가파르게 오르고 있다.

견디지 말자

살다 보면 어쩌는 수 없이 견디며 버텨야 할 때가 있다. "기다림이 겨울을 견디게 했다." 맞는 말이지만, 내 생각은 다르다. 그럴 수 없다면 몰라도 할 수 있으면 견디지 말자는 거다. 겨울은 봄을 기다리며 견디는 계절일 수 없다. 견디면 견디는 것만큼 손해다. 겨울은 추위를 사는 계절이고, 여름은 더위를 사는 계절이다. 혹한이나 무더위가 힘들지 않다는 말이 아니다. 여름은 여름대로 살고, 겨울은 겨울대로 살자는 말이다. 어려운 시절에도 유익을 취하고, 힘겨운 날에도 행복하자는 거다. 할 수 있다면 견디지 말고, 그냥 살자.

순수해야 하나 순진해서는 안 된다

과정과 결과 중에 어느 것이 더 중요할까. 어느 것이 더 중요하다고 말하기 어렵다. 과정은 결과를 위한 것이지만, 그렇다고 해서 과정이 결과보다 덜 중요하다고 할 수 없다. 과정 없이 결과가 있을 리 만무하고, 결과가 좋다고 해서 과정이 아무래도 좋은 건 아니다. 전문가는 과정을 중요하게 생각하며 결과에 주목한다. 과정은 주로 자신의 진단 영역이고, 결과는 흔히 다른 사람들의 평가 영역이다. 결과 없이 과정만으로 스스로 위안을 삼을 수 있으나, 부실한 결과에 대한 다른 이의 차가운 평가를, 과정을 내세우며 서운해해서는 안 된다.

과정이 바람직한 결과로 이어지려면 과정이 한껏 책략적이어야 한다. 목적은 순수해야 하지만, 책략이 순진해서는 안 된다. 그렇지 않으면, 점유율이 높고 과정이 그럴듯해 보이지만 골을 넣지 못하는 축구 경기 꼴이 되고 만다. 정치적인 운동에 뛰어들어 영향력을 행사하며 나라를 걱정하는 순수한 사람들에게서 느끼는 바이다.

제3부

쿨한 사이

일관성에 기대어

　백 퍼센트 일관된 삶을 사는 게 쉽지 않고 그럴 필요도 없지만, 일관성이 관계를 편안하게 하는 것이 사실이다. 다른 이와의 관계에서 많은 부분 예측 가능한 사람이 되는 것이다. 신앙은 과거에 대한 기억과 미래를 향한 기대 사이에서 사랑을 실천하며 사는 것이다. 신앙에서 기억과 기대를 다른 말로 풀면, 과거에 잘해 주신 하나님이 앞으로도 잘해 주실 것을 믿는 것이다. 하나님에 관한 좋은 기억이 희망이란 이름의 기대가 될 수 있는 것은 하나님이 일관된 분이시기 때문이다.

멀어도 멀지 않다

하루 한 시간 걷기를 시작한 지 두 주가 지났다. 같은 거리인데도 반환점까지 걸으면서 느끼는 거리감과 집으로 돌아올 때의 거리감이 다르다. 돌아올 때 거리가 짧게 느껴진다. 친구 목사가 캘리포니아 어느 교회에서 집회할 때의 이야기다. 마지막날 담임목사가 특별히 한 교우를 강사에게 소개했다. 두 시간 거리에서 교회에 다니는데 이번 집회에도 빠짐없이 오셨다고, 대단하시다고… 친구 목사가 물었다. "교회가 멀지 않으세요?" 그분이 이렇게 답했다. "저는 교회에 오면서 한 번도 교회가 멀다고 생각해 본 적이 없습니다. 집으로 돌아갈 때 집이 좀 멀다고 느낀 적은 있습니다." 보통은 집으로 가는 길이 가깝기 마련인데…

그분의 이름으로 불리고 싶다

영화 '타이태닉'에서 가장 인상적인 장면은 여주인공 Rose가 구조된 뒤에 자기 이름을 말하는 대목이다. 구조를 기다리면서 물에 떠 있는 동안 한 사람 밖에 버티지 못하는 널빤지에 여자를 태우고 남자 친구 Jack이 차가운 바다에서 죽었다. 여자가 구조된 뒤에 생존자 파악을 위해 승무원이 이름을 물었을 때 "Dawson, Rose Dawson"이라고 대답했다. 도슨은 자기를 위해 죽은 남자 친구 잭의 성씨였다. "그의 이름으로 불리고 싶다"는 뜻이었을 것이다.

바울이 바나바와 함께 안디옥에서 사역한 지 한 해 만에 세상 사람들은 그들을 그리스도인이라고 불렀다. 세상이 보기에도 그이들은 영락없이 그리스도의 것이었다. 교회는 세상이 붙여준 이름을 자기 정체성으로 채택하였다. 온갖 불이익에도 불구하고 그분의 이름으로 불리고 싶다는 심사이었을 것이다. 우리를 위하여 십자가에 죽으신 그분의 칭호로…

운칠기삼

운칠기삼이 세월을 견딘 말이라고 해도 젊어서는 너무 지나치다는 느낌을 떨칠 수 없었다. 어떤 사람이 무엇을 이루어 성공적인 삶을 사는 데에 운이 일곱이라면 기량이 셋이라니… 어쨌거나 놀랍게도 자기 분야에서 일가를 이룬 사람들은 거의 예외 없이 운이 좋았다는 데에 흔쾌히 동의한다. 나폴레옹이 자기 휘하에 장군 한 사람을 보내 달라고 요청하면서 "운이 좋아야 하오."라고 덧붙인 것은 그가 인생을 알았기 때문이었을 것이다. 여러 해 전에 한국에서 방영되어 인기를 끌었던 '히든 싱어즈' 몇 편을 보면서 7:3이 조금도 과하지 않다는 것을 깨달았다. 모창하는 사람들 틈에서 그 노래를 부른 가수를 가려내기 힘들 정도로 거기 나온 사람들은 하나같이 실력이 대단했다. 그러나, 한 사람만 이름을 얻었고, 나머지는 그저 그 사람을 흉내내고 있다.

누가복음은 예수님의 어린 시절을 이렇게 요약한다. "아기가 자라며 강하여지고 지혜가 충만하며…" 세상 부모들의 바람과 같다. "… 하나님의 은혜가 그의 위에 있더라." 세상이 미처 알지 못하는 성공적이고도 풍성한 삶의 비결이다. 은혜 여부에 따라 기량과 수고가 빚어내는 결과가 퍽 달라진다. 아, 참! 그리고, 20대에 들었던 말이 아직도 마음에 남아 있다. "당구가 300이면 당구 운도 300이다." 준비된 자에게 천운이 따르는 경향이 있다는 것도 무시할 수 없겠다.

선교의 진보성

　예일대학교 미로슬라브 볼프 교수는 "인류의 미래는 우리가 정체성과 서로 다름을 어떻게 다루느냐에 달려 있다고 해도 과언이 아니다."라고 그의 책에 썼다. 그리스도인 입장에서 앞엣것이 세파에 휩쓸리지 않고 그리스도인 됨을 든든히 지켜 가는 것이라면, 뒤엣것은 선교적인 과제에 해당한다. 동성애에 대해서 성경의 가르침을 따라 결연한 반대 입장에 서는 것은 정체성에 관한 일이지만, 그렇다고 해서 그들을 향한 선교적 과제가 면제되는 것은 아니다. 동성애를 행하거나 용인하는 사회가 우리의 선교 환경일 뿐만 아니라 우리의 선교 대상이기 때문이다. 사실인즉슨 그리스도인의 정체성은 선교에 관한 태도를 포함한다. 다른 사람들을 위해서 주님이 우리를 먼저 부르시지 않으셨는가. 그들의 목소리가 들리는 우리 신앙의 경계까지 위험을 무릅쓰고 다가서야 한다. 신앙이 보수적이더라도 선교는 진보적일 수밖에 없는 이유이다. 일찍이 주님은 양을 이리 가운데로 보내시듯 제자들을 세상으로 파송하셨다. 어려운 일이다.

잘생긴 아들

어느 자매님에게 아들이 누군지 모르겠다고 했더니 대뜸 '우리 교회에서 가장 잘생긴 애가 제 아들이에요' 했다. 옆에서 듣고 있던 다른 자매님이 한 마디, "그렇게 말하면 목사님이 우리 아들하고 헷갈리시지." 어미가 자식 보는 눈에는 기준이 없다. 하나님이 우리를 어여삐 보시는 것은 앞뒤 가늠 없이 우리를 사랑하시기 때문이다.

무차별로 사랑하라

원수를 사랑하라. 내가 이 말씀을 듣고도 밤잠을 설치지 않은 것은 아예 그렇게 살 생각이 없었기 때문일지 모른다. "만일 네 오른손이 너로 실족하게 하거든 찍어 내버리라"는 말씀을 읽고 실행을 고려해 본 적이 없는 것처럼… 눈은 눈으로 이는 이로 갚는 것을 인간 관계의 기본 원리로 삼은 사람에게는 참으로 현실성 없는 가혹한 말씀이다. 내게 잘하는 사람에게 잘하고, 못되게 굴면 여러 배로 갚아주고 싶어 하는 반응적 인간은 죽었다 깨어나도 원수를 사랑할 수 없다. 나는 해도해도 너무 하신 주님의 말씀을, 주도적으로 인생을 살라는 가르침으로 알아들었다. 상대방이 내게 한 짓에 반응하지 않고 내가 주도권을 행사하여 사랑의 길을 선택할 때 비로소 원수 사랑의 가능성이 빠끔히 열린다.

주님은 세상을 떠나시기 전에 "내가 너희를 사랑한 것 같이 너희도 서로 사랑하라"고 당부하셨다. 우리가 다른 사람을 사랑하는 근거나 힘은 우리에게 베푸신 주님의 사랑에 있다. 주님이 나를 사랑하시니 내가 다른 사람을 사랑하는 것이다. 주님에게서 흘러 온 사랑이 다른 사람에게로 흘러간다. 상대에 매이지 않은 자유로운 영혼만 원수를 사랑할 수 있다.

이래서 믿는다

생각할수록 중력이 신기하다. 공처럼 생긴 지구에 사람들이 사방 들러붙어 있다. 지구 반대편에 있는 사람들이 거꾸로 매달려 있다고 생각하면 재미있어 못 견디겠다. 발에 못질한 것처럼 붙어 있는 것도 아니고, 땅으로부터 그리 멀리 달아날 수 있는 것도 아니다. 참으로 절묘한 흡인력이다. 이게 어떻게 당연한 일인가. 우리 몸의 정교함은 말할 것도 없고, 좁쌀만 한 벌레가 기어 다니는 것도 신기하기 짝이 없다. 나는 도무지 이 모든 일을 우연이라 할 수 없어서 하나님을 믿는다.

낳고, 또 낳고

사랑이 사랑을 낳는다. A의 B를 향한 사랑이 B의 A를 향한 사랑을 가능하게 할 때 에리히 프롬은 이를 일러 사랑의 생산성이라 했다. 그이가 말하는 생산적인 사랑은 사랑하는 이와 사랑 받는 이, 둘만 있으면 된다. 성경이 가르치는 온전한 사랑의 최소 단위는 셋이다. A와 B가 서로 사랑하고, 이 두 사람의 사랑이 C를 향한다. 먼저 것을 흔히 친교라 하고, 나중 것을 교회 용어로 선교라 한다. 나는 신랑 신부를 축복하며 이렇게 기도한다. "이 두 사람이 서로를 뜨겁게 사랑함으로 하나님을 더 사랑하게 하시고, 아무쪼록 다른 사람들을 더 사랑하게 하소서."

신앙은 신념 이상이다

 일반적으로 신앙은 가장 강력한 신념 체계이지만, 신앙을 신념으로부터 구별하여 신앙의 본질을 또렷하게 하기도 한다. 신념은 어떤 일에 대한 이해를 근거로 내면화된 것이어서 비교적 안정적이다. 신앙은 더러 어떤 일을 선명하게 이해하지 못한 채로 하나님을 믿고 따르는 것이어서 신념과 비교할 때 불안정해 보인다. 아브라함이 평생을 몸 붙여 살던 터전을 떠나 하나님이 지시하시는 낯선 곳으로 길을 떠난 것이 신앙의 정체를 잘 말해 준다. 신앙은 하나님을 믿고 불안정한 길을 평안하게 걸어가는 것이다.

자녀 됨과 자녀다움 사이

전에 없던 일이다. 칭의론이 의인으로서의 삶을 방해한다는 주장에 동조하는 사람들이 늘어가고 있다. 전적인 은혜에 기대어 구원받아 하나님의 자녀가 되고, 역시 은혜로 자녀 됨이 유지된다고 하면 무식하다는 소리를 들을 판이다. 무죄 선고를 믿고 고삐 풀린 삶을 사는 교회를 비판하는 것은 백 번 그래야 하는 일이지만, 어떤 경우에든지 구원을 행위에 거는 것은 잘못된 일이다. 의로운 삶을 살라고 의롭지 않은 사람을 의롭다고 하신 주님의 뜻을 받드는 일에 지지부진한 것을 심하게 나무란다면 그건 지나친 일이 아니다. 그러나, 성화의 삶이 성공적이지 못하다고 해서 그것을 전적인 은혜에 터를 둔 칭의 탓으로 돌리는 것은 적절하지 않다. 마치 자녀가 부모의 기대를 따라 살지 못하는 것이 행위와 무관하게 얻은 그의 자녀 됨에 있다고 하는 것처럼 이상한 일이다. 부모의 뜻을 거스르는 자녀를 꾸짖어 순종의 삶을 촉구하는 것은 당연하지만, 그렇다고 해서 부실한 자녀다움이 조건 없는 자녀 됨에서 비롯됐다고 진단하는 것은 우스운 일이다.

피차에 좋은 일

꽤 규모 있는 교회 목사님이 주일예배에 몇 번 이렇게 말했다. "오늘, 설교 없습니다. 바빴습니다." 아무 탈이 없었다. 한국 교단 선배 중에 한 분은 평소에 30분 길이로 설교하다가 어느 때는 받은 게 이것밖에 없다면서 주일 설교가 달랑 5분이었다. 역시 아무 탈이 없었다. 두 경우 모두 신선해 보이지만, 나는 받은 돈을 생각하며 그렇게 하지 못했다. 하늘에서 받은 게 있으나 없으나 늘 그만그만한 길이로 설교해 왔다. 가끔 설교 없이 예배드리면 피차에 좋을 텐데, 생각하면서… 어떤 사람이 참다 못해 설교 중에 소리를 질렀다. "목사님, 조금 더 크게 말씀해 주세요. 뒤에서는 목사님 말씀이 잘 들리지 않습니다." 그랬더니 앞자리에 앉은 사람이 뒤를 돌아다 보며 그랬다지 않은가. "차라리 안 들리는 게 낫습니다."

우니까 슬프다

슬프니까 우는 거지만, 우니까 슬픈 것이기도 하다. 어린아이가 이목을 끌려고 짐짓 우는 척하다가 자기가 연출한 분위기에 넘어가서 정말로 슬피 우는 경우를 심심치 않게 보았다. 울면 슬퍼진다. 억지로라도 웃으면 마음이 밝아진다. 이렇게 행동으로 감정을 얼마간 조정할 수 있다. 기쁨이 그저 수동적인 정서라면 "기뻐하라"는 명령형이 가능하지 않을 것이다. 행동이 기쁨을 선택할 때 그에 걸맞은 정서가 뒤따라온다. "원수를 사랑하라"는 가르침을 듣고 사랑할 마음이 동하기를 기다린다면 그 말씀이 실현되지 못할 것이다. 작게라도 사랑의 행동을 힘쓰며 사랑하는 마음이 일어나기를 바라는 것이 그 말씀을 대하는 바른 순서다. 힘겨울 때일수록 웬만하면 웃어야 한다. 울면 더 슬퍼지니까.

프랙틀

　자기 유사성을 갖는 기하학적 형태를 프랙틀(fractal)이라고 한다. 부분이 전체와 비슷한 모양을 갖는 것이다. 어떤 이는 "내 안에 내가 있는 무한 반복의 미학"이라고 했다. 주님과 교회와 그리스도인의 관계가 이랬으면 싶다. 각각의 성도가 그대로 교회의 모습이고, 교회는 그리스도의 모습을 충실히 반영하는 것이다. 교회를 그리스도의 몸이라고 한다. 주님 승천 이후 지상에 남겨진 그리스도라는 말이 아니겠는가. 나를 본 자는 하나님을 본 것이라고 주님께서 말씀하시듯, 교회를 보았으면 그리스도를 본 것이나 진배없다는 말을 할 수 있을까. 프랙틀은 자기 복제의 아름다움이다.

내 잘못이 아니다

예로부터 실패는 사생아다. 교회가 이 지경이 되었어도 내 잘못이라고 나서는 사람이 없다. 그리 큰 죄인이 있을 리가 없다. 잘한 일도 없지만, 교회에 망조가 들게 할 만한 잘못을 저지른 적도 없다. 손가락질하며 "쟤요 쟤요"하는 사람은 있어도 "접니다"하는 사람은 없다. 교회는 저절로 가라앉고 있다. 파선의 위기에 같은 배에 탄 사람들에게 요나가 말했다. "나는 하늘의 하나님 여호와를 경외하는 자라. 나를 들어 바다에 던지라. 그리하면 바다가 잔잔하리라. 너희가 이 큰 폭풍을 만난 것이 나 때문인 줄을 내가 아노라." 하나님 앞에서도 자기 성격을 이기지 못했던 결함 많은 선지자, 요나가 새삼 대단하게 느껴진다.

유쾌한 도사

켄터키 루이빌에서 두 달을 지낸 적이 있다. 거기서 그리 멀지 않은 겟세마네 수도원을 방문하여 뜻밖의 수확을 얻었다. 영성의 대가 토마스 머튼이 살던 곳에서 그의 육성 녹음을 듣고는 깜짝 놀랐다. 높은 어조의 달뜬 소리로 말하는 수도사라니…. 기왕의 생각에 어마어마한 인물의 후원이 보태지는 것을 느꼈다. 그리스도인 앞에 붙을 수 있는 가장 그럴듯한 수식어는 '유쾌한'이다. 우리가 얼른 생각할 수 있는 도사 분위기와는 거리가 있다. 저음의 느린 말투, 느릿느릿한 행동거지가 아니다. 나는 우리 주님이 유쾌하신 분이었다고 믿는다. 영화에서처럼 그렇게 에코를 섞어 느려터지게 말씀하시지 않는…. 반대하던 사람들의 지나친 평가이겠으나, 오죽하면 "먹기를 탐하고 포도주를 즐기는 사람"이라는 소리를 들으셨을까.

다시 돋아나라고

유용주의 시 '스승 김인권'의 한 부분이다. "나른한/ 아득한 봄날/ 추운 겨울 파카 속 우는 듯한 사진을/ 우리들의 마음 깊이 다시 한번 비벼 넣으며/ 해미 홍천리 고향 뒷산에/ 다독다독 그를 심었다./ 해마다 씀바귀로/ 해마다 냉이 달래/ 해마다 다북쑥으로/ 다시 돋아나라고…"

바울도 그리스도인이 죽어 땅에 묻히는 것을 심는다고 표현했다. 정확하게 말하면, 씨 뿌리듯 심는 거다. 썩을 것, 욕된 것, 약한 것, 육의 몸을 심으면, 썩지 아니할 것, 영광스러운 것, 강한 것, 영의 몸으로 다시 살아난다. 죽음은 다른 세계에서 살아갈 다른 몸을 위하여 땅에 심기는 일이다. 어떻게 하면 천국에 갈 수 있느냐는 질문에 '죽어야 갈 수 있다'고 자신있게 대답한 어린이의 말이 옳다. 하늘나라에 가고 싶지만 죽음이 내키지 않는 사람이 들어야 할 말이다.

껌도 기도하냐?

전도사 시절에는 빵 한 쪽도 기도해야 입으로 들어갔다. 지금은, 책 읽는 중에 아내가 과일을 주면 그냥 집어 먹는다. 본격적으로 먹을 때만 기도하면 된다는 생각이다. 음식물 기도를 어디까지 해야 하는지 질문을 받은 적이 있다. 하루 세 끼 식사 기도 외에는 자기가 알아서 하면 된다고 일러 주었다. 다른 사람이 어떻게 하든지 그건 그 사람 일이니까 괜히 신경쓰지 말라고 덧붙였다.

나는 오렌지 주스를 놓고 기도하는 사람은 보았는데, 물을 마시면서 기도하는 사람은 보지 못했다. 주스와 물을 가르는 판단 기준은 무엇일까. 어떤 사람은 숙고 끝에 씹히는 것만 기도하기로 했다. 내가 물었다. 껌도 기도하냐? 굳이 대답하자면, 씹어서 목구멍을 넘기는 것만 기도하는 것이다. 따라서 껌은 기도 면제 품목이다. 사소한 일도 이처럼 율법적으로 다루면 골치 아파진다. 각자 알아서 하고 시빗거리로 삼지 않으면 된다. 아미쉬들은 식전 식후, 한 번 식사에 두 번 기도한다.

가난이 복인가

주님은 "가난한 자가 복이 있다"고 말씀하셨다. 천국이 그들의 것이기 때문이다. 가난하면 천국이 그들의 것이기 때문에 가난이 복이라는 말씀이 아니다. 가난하면 천국이 너희 것이 될 터이니 아무쪼록 가난하라는 말씀이 아니다. 주님은 가난한 제자들에게 너희를 위하여 천국이 도래하고 있다고, 그러니 너희는 지금 처지와 관계없이 복이 있다고 말씀하시는 것이다. 천국이 있어서 가난해도 복 있는 인생이다. 심령이 가난하다는 것은 이 말씀을 영적으로 해석하라고 부추기는 것이 아니다. 돈이 없어서 마음마저 가난해진 사람들에게 하시는 말씀일 뿐이다. 애통도 그렇다. 애통은 좋은 것이니 어떻게든지 애통해서 복을 확보하라는 말이 아니다. 지금 울 수밖에 없는 자들도 복이 있는 것은 앞으로 웃게 될 것이기 때문이다. 애통하면 비로소 복 있는 자가 되고 그 결과로 어느 날 웃게 되는 것이 아니다. 주님이 주도하시는 하나님의 나라가 우리 앞에 있어서 지금 가난하고 울지 않을 수 없는 형편임에도 우리가 복 있는 사람이라는 선언이다. 잊어버리면 안 된다. 그리스도인은 어떤 형편에서든지 복 있는 사람이다.

행복은 능력이다

결핍이 심하면 생각을 단속해야 한다. 그런 상황에서는 생각이 왜곡되기 쉽다. 서양 속담이다. "가난한 사람은 돈만 있으면 행복할 거라 생각하고, 부자는 위궤양만 나으면 행복해질 거라 여긴다." 왜곡이다. 돈이 있다고 그 자체로 행복할 리가 없고, 건강하다고 해서 모두가 행복한 것도 아니다. 돈 있고 건강하면 행복할까. 그것도 아니다. 심각한 결핍의 문제만 해소되면 행복해질 거라는 생각에 속으면 안 된다. 그때가 되면 무엇인가 또 다른 것이 모자라서 행복이 저만큼 달아나 있을 것이다. 아무 때나 행복하려면 바울처럼 비천에 처할 줄도 알고 풍부에 처할 줄도 알아야 한다. 그리스도인에게 행복은 그리스도 안에서 무시로 발휘되는 능력이다.

복잡하면 안 된다

하나님이 우리에게 심을 씨와 먹을 양식을 주셨다. 왜 도로 심게 하시는가? 파종과 수확의 법칙이 그렇듯 더 풍성하게 돌려주어 이웃을 위한 삶이 넉넉하게 하시려는 것이다. 헌금은 삶에서 하나님의 뜻을 실현하기 위해 하나님의 것을 하나님께 심는 것이다. 내 것을 드린다고 잘못 생각하면 일이 힘들어진다. 택시에 놓고 내린 거액의 현금을 경찰서에 신고한 기사에게, 어떻게 그리할 수 있었느냐고 기자가 물었다. 대답이 간단했다. "제 것이 아닌걸요." 내 딸은 9학년 때부터 아르바이트해서 번 돈으로 꼬박꼬박 십일조를 드렸다. 힘들게 일해 몇 푼 받은 것에서 세금과 십일조를 떼는 게 안쓰러웠는지 아내가 물었다. "예내야, 아깝지 않아?" 딸이 시큰둥하게 말했다. "내꺼 아니잖아." 복잡하면 안 된다.

너나없이 불쌍한 인간

설교 중에, 나이 육십 넘어서 40년 전에 나온 서울대가 여전히 큰 자랑거리이면 인생을 잘못 사는 거라고 말했다. 서울대 출신 형제님의 반응, "목사님 말씀이 옳습니다. 나이 육십 넘어서 자기가 똑똑하다고 생각하면 바보지요." 그분과 함께 휴가를 보낸 이에게 들었다. 길 이름을 한 번 훑어보고는 열 시간 넘는 거리를 거침없이 운전해 갈 만큼 머리가 비상했다. 그분이 간암 투병 중에 말했다. "불쌍히 여겨 달라는 주일예배 목사님 기도를 들으며 제가 불쌍한 인간이라고 생각해 본 적이 없는데, 오늘은 그 대목에 눈물이 쏟아졌습니다. 주님, 제가 불쌍한 인간입니다." 이런 고백이 뒤따랐다. "신앙은 자기가 얼마나 불쌍한 인간인지 아는 것으로부터 출발하는데, 교회에 출입한 지가 이리 오랜데도 이제야 겨우 그걸 깨달았으니 얼마나 아둔한 인간입니까." 인생은 불쌍한 인간들이 하나님 앞에서 서로 불쌍히 여기며 사는 것이다.

나만 잘 믿어서 될 일이 아니다

2001년쯤인가 보다. 대만에서 열리는 세계셀교회 선교컨퍼런스에 갔을 때 한 선교사에게 큰 가르침을 얻었다. 쉬는 시간에 그분에게 물었다. 나는 웬만큼 궁금해서는 영어로 묻지 않는다. "대만 교회가 뜨거워 보이는데 아직도 당신 같은 백인 선교사가 필요한가?" 무례한 질문이었다. 답변 없이 질문이 돌아왔다. "선교지에 투입하는 것 못지않게 철수 시기를 정하는 것이 중요하다. 네 생각에는 언제 철수하면 좋겠냐?" 대만 교회가 선교사 도움 없이 자립할 수 있을 때라고 말했더니, 아니라고 했다. 선교사 도움 없이 선교할 수 있어야 하는데 대만 교회가 아직 그 수준은 아니라는 것이다.

주님은 이 세상을 떠나시기 전에 제자들에게 "가서 제자 삼으라"고 하셨다. 제자 삼는 제자 되라는 말씀이다. 지구가 달을 거느리고 태양 주위를 돌듯, 나를 통해서 예수님을 따르는 다른 제자가 있을 때 내가 비로소 주님의 제자가 되는 것이다. 지구가 달을 데리고 도는 행성 노릇이 그대로 그리스도인의 제자 노릇이 되어야 한다. 나만 잘 믿어서 될 일이 아니다. 제자 됨은 재생산 구조를 확보하는 일이다. 이 시대에 누가 우리를 따라 예수를 믿으려 하는가.

그러니 사자가 되어라

예수님은 가까이에서 제자 열둘을 뽑아 세우셨다. 예루살렘에서 한가락 하는 사람들을 제쳐놓고 갈릴리 촌사람들을 제자 삼으셨다. 복음서에 나타난 제자들의 면모를 보면 너무 한심해서 우리와 별반 다를 게 없어 보인다. 주님은 그런 사람들을 데리고 복음으로 세상을 뒤엎을 생각을 하셨다. 주님 승천 이후 사도행전이 보여 주는 제자들의 모습은 복음서와는 딴판으로 굉장하다. 주님이 대단하셔서서 마침내 제자들이 대단했다.

미식 축구의 전설 빈스 롬바디는 승률 10%를 밑도는 그린베이 패커스 감독을 맡아 그 선수들을 그대로 데리고 몇 년 만에 승률 70%를 웃도는 팀을 만들었다. 지금도 수퍼볼 우승팀에게 빈스 롬바디 컵을 준다. 드라마 미스터 션샤인의 유진 초이가 연기한 명대사다. "아랍 속담에 사자 한 마리가 이끄는 양 떼가 양 한 마리가 이끄는 사자 떼를 이긴다는 말이 있다. 저들은 학도들을 양 떼라 깔보겠지만 학도들은 이미 훌륭한 지휘관들이다. 그러니 사자가 되어라." 매사 지도자에 달렸다.

그들은 시간을 믿는다

찰스 다윈 이후 진화론적인 세계관이 세상을 지배하고 있다. 진화론의 핵심은 변이, 유전, 자연 선택이다. 돌연변이와 유전의 과정이 누적되어 단세포 생물이 지금의 세계를 이루는 것은 확률이 제로에 가까울 정도로 가능하지 않은 일이다. 가능성이 희박하지만 오랜 시간이 지나면 이렇게 정교하고 광대한 기적이 가능하다고 생각한다. 그 기적의 끄트머리에 우리 인간이 있다.

과학은 아예 생명의 기원에 대해 아는 바가 없다. 유명한 진화생물학자 최재천 교수의 말이 솔직하다. "나는 생명의 기원에 대해 할 말이 없다. 아는 게 아무것도 없다. 관찰 영역이 아니다. 유추할 뿐이어서 쉽지 않다. 확률로 볼 때 가능성 없는 일이 벌어졌다. 주사위 둘을 던져서 합이 14가 될 확률에 가깝다." 더군다나 그들은 우리가 지금 목도하고 있는 정교한 세계가 자연 선택의 결과라고 한다. 진화는 어떤 목적이나 방향이 전혀 없이 모든 과정이 우연에 달려 있다는 주장이다. 가장 열렬한 무신론자 리처드 도킨스는 '눈먼 시계공'에서 "모든 자연현상을 창조한 유일한 시계공은 맹목적인 물리학적 힘이다….

다윈주의 요리법의 가장 중요한 재료는 철저하게 무작위적인 누적적 선택이다."라고 썼다.

　노벨 물리학상을 받은 조지 월드의 말에서 그들의 사고방식을 엿볼 수 있다. "생명의 기원에 대해 언급할 때 우리에게는 단 두 개의 가능성만이 있다. 신의 초자연적 창조 혹은 우연 발생과 진화. 이 외의 또 다른 가능성은 있을 수 없다. 자연 발생은 이미 120년 전에 루이 파스퇴르 등에 의해 가능성이 없는 것으로 판정이 났으므로 신의 초자연적 창조라는 단 하나의 결론만이 남게 된다. 그러나, 나는 철학적인 이유로 신을 믿을 수 없다. 그러므로 나는 과학적으로 불가능한 것을 선택했으며, 그것은 바로 생명이 우연히 발생하여 진화했다는 것이다." 창조를 믿는 유신론과 진화론에 근거한 무신론은 이처럼 다 같이 신앙이다. 우리가 하나님을 믿을 때 그들은 아주 오랜 시간을 믿는다. 내게는 창조 신앙이 훨씬 더 이성적인 선택이다.

눈물나는 선물

우리는 은혜를 믿음으로 구원받았다. 구원의 근거가 우리에게 있지 않다. 하나님의 선물이다. 무상으로 베풀어진 호의라는 말이다. 잔 바클레이의 저서 "바울과 선물"은 고대의 선물 개념을 통해, 선물로 건네진 구원이 무엇을 의미하는지 선명하게 밝혔다. 선물이 호의로 주어진 것이라는 점은 그때나 이때나 다르지 않지만, 우리가 이상적이라고 생각하는 순수한 선물 개념은 고대사회에서는 낯선 것이었다. 그 당시 선물은 주고받는 것이었다. 돌려받을 것을 기대하며 선물을 주었고, 무엇인가를 돌려주어야 한다는 부담으로 선물을 받았다. 구원이 하나님의 선물이라면, 하나님은 우리에게 무엇을 기대하셨을까. 선한 일이다. 은혜로 구원받은 이는 하나님 앞에서 선한 삶을 살아가야 한다. 구원과 착한 삶은 선물처럼 주거니받거니 이루어져야 하는 일이다.

고대사회에서는 선물을 주고받으며 유대관계가 강화되었다. 뒤집어 말하는 것이 더 정확하다. 연대감이 더 두터워지기를 바라는 사람을 선정하여 신중하게 선물을 주었다. 하나님이 우리에게 구원을 선물로 주신 것은 하나님의 자녀다운 삶을 겨냥

해 살게 하실 뿐만 아니라 하나님이 우리와 친밀한 관계를 원하셨기 때문이다. 나날이 깊은 사귐을 바라고 우리를 구원하셨다는 말이다. 감동이다.

몸이 알도록

스타벅스의 최고 경영자 하워드 슐츠는 이탈리아 밀라노 도처에 에스프레소 커피 전문점이 깔려 있는 것을 보고 깊은 인상을 받았다. 그때만 해도 미국에서는 에스프레소 커피가 생소했다. 그 커피를 도입하기로 마음을 정하고 500군데 커피집을 방문했다. 납득 수준으로 배우기를 바랐다면 50군데도 많게 느껴졌을 것이다. 그는 그저 머리로 간신히 알지 않고 온몸이 충분히 알기를 원했다. 체득이다.

박신양은 법의학자를 연기하기 위해 100건 넘는 시신 부검 현장을 참관했다. 겉모습 흉내내기를 연기로 생각했다면 열 번으로 모자라지 않았을 것이다. 그는 체득을 바랐다. 납득 수준의 신앙생활이 부끄럽다.

세상과 다른 마을

우리 교회는 2013년에 당회 시무장로를 제외한 모든 직분을 폐지하고 모든 교우의 호칭을 형제와 자매로 통일했다. 직분 때문에 조그만 갈등도 없던 교회였다. 주님이 기대하시는 교회를 향해 한 발 더 다가서려 했을 뿐이다. 이 땅에 처음 출현한 1세기 예루살렘교회는 그리스도를 신앙한다는 이유 하나만으로 주인과 노예가 한 교회에서 예배하며 서로를 형제라 불렀다. 노예제도가 엄존하던 시대에 전혀 어우러질 수 없는 사람들이 그리스도 안에서 하나 될 수 있었다면, 21세기 뉴저지에서 그리스도의 피를 나눈 형제라는 뜻으로 서로를 그리 부르는 것은 쉽고 당연한 일이다. 연세 드신 어른들은 우리를 어떻게 부르든 상관 없다고 했고, 어떤 젊은이는 자기가 바라던 세상이 왔다고 좋아했다. 그리스도인은 꿈쩍도 안 하는 사회를 변화시키려고 하기 전에 자기들이 바라는 세상을 먼저 교회 안에 실현해야 한다.

기적이 필요한 세상

"이단의 정신은 진리에 무엇인가를 더하는 것이고, 배교는 진리에서 무엇을 감하는 것이다." 예수전도단 설립자 로렌 커닝햄의 말이다. 현대인은 하나님을 믿는다고 하면서 철저하게 믿지는 않는다. 배교라고 할 것까지는 없지만, 무엇인가를 덜 믿으려는 경향이 짙다. 기적을 잘 믿지 못하고, 알량한 머리로 믿어지는 것만 믿는다. 그래서 신앙이 끝끝내 상식 수준을 벗어나지 못한다. 우리 삶에 기적이 일어나지 않는 것은, 기적을 믿지 못하고 그 결과로 기적을 기대하지 않기 때문이다. 신학자 칼 라너의 말이 새삼스럽다. "나는 기적을 믿지 않는다. 다만 기적에 의지해 살아갈 뿐이다." 그에게 기적은 믿음을 넘어 이미 삶이었다. 기적이 없어도 좋은 삶이 있는가.

자아 실현?

　심리학자 에이브러햄 매슬로의 욕구 단계설. 생리와 안전을 추구하는 하위 욕구가 충족되면 소속, 존경 등의 상위 욕구를 향하게 되는데 그 마지막 단계가 자아실현이다. 언행을 통해서 나의 됨됨이나 재능이 고스란히 밖으로 드러나기를 바라는 것이다. 이런 사람들에게 성취의 최고봉은 나다운 삶이다.
　그리스도인의 삶의 지향은 사뭇 다르다. "내가 그리스도와 함께 십자가에 못 박혔나니 그런즉 이제는 내가 사는 것이 아니요 오직 내 안에 그리스도께서 사시는 것이라." 예수님의 십자가 효과가 그대로 내게 미쳐서 내 안에 그리스도가 사시게 되었다. 그리스도인의 삶은 내 안에 계신 그리스도가 나를 통해 일하시며 그 존재가 세상에 드러나는 것이다. 사람들이 자아실현을 목표로 삼는 것과 다르게 그리스도인의 삶의 의의는 그리스도 실현에 있다. 이것은 주님께서 하나님의 삶을 사신 것을 본받는 것이다. "내가 너희에게 이르는 말은 스스로 하는 것이 아니라 아버지께서 내 안에 계셔서 그의 일을 하시는 것이라." 사람들이 자기가 어떤 사람인지를 드러내고자 할 때 그리스도인은 자신의 삶을 통해 그리스도가 어떤 분이신지를 세상에 드러낸다.

주님은 선한 목자가 아니다

"나는 선한 목자다." 주님이 친히 하신 말씀인데도 나는 주님이 선한 목자가 아니라고 생각한다. 주님은 좋은 목자이시다. good shepherd는 선한 목자가 아니라 좋은 목자다. 성품이 착한 목자가 아니라, 목자 노릇 잘하는 목자다. 우리가 다윗처럼 주님을 목자 삼은 삶의 포만감을 노래하며 도무지 부족한 게 없다고 고백할 수 있는 것은 주님이 그저 착한 목자이기 때문이 아니라 우리를 위해 늘 좋은 목자이시기 때문이다. 선한 것에 좋다는 뜻이 없지 않지만, 요즈음 쓰임새는 아니다.

"나는 선한 싸움을 싸우고 나의 달려갈 길을 마치고 믿음을 지켰다." 죽음을 앞둔 바울의 고백이다. 그러나 나는 바울이 선한 싸움을 싸우지 않았다고 생각한다. 바울은 싸움을 잘 싸웠을 뿐이다. 영어로 fought the good fight은 싸움을 잘했다는 말이다. 그러니 우리도 무엇이 선한 싸움인지를 알아 그 싸움을 싸우려고 할 게 아니라, 우리에게 닥친 싸움을 잘 싸워야 한다.

다루기 나름

신문에 연재된 박광수 만화의 한 장면이다. 하나님이 인간을 창조하셨다고 가르치자 학생이 이의를 제기했다. "우리 아버지가 그러는데 우리 조상은 원숭이라고 하던데요." 그러자 선생님 대답, "얘야, 너희 집안 이야기는 수업이 끝난 뒤에 하자꾸나."

코미디언 구봉서 장로가 신앙생활을 막 시작했을 때다. 그 댁에서 연예인들이 모여 성경 공부를 하는데 그날 주제가 예수님의 탄생이었다. 후배 코미디언이 어떻게 처녀가 아이를 낳을 수 있느냐고 계속 물고 늘어졌다. 모임이 길어지는 것을 못마땅하게 여긴 그 집 주인이 한마디 했다. "제 서방이 괜찮다는데 왜 네가 난리냐?"

어린이교회에서 교사가 예수님의 처녀 탄생을 설명하며 애를 쓰고 있었다. 한 아이가 추임새를 넣으며 한 말, "우리 동네에서도 지난주에 처녀가 애 낳았어요." 난제도 다루기 나름이다.

쉬지 않으면 죽인다

 안식일 제정은, 인류 역사에서 국가나 종교를 통틀어 구성원의 정기적인 쉼을 강조한 처음 사례이다. 안식일은 우리가 짐작하는 것보다 훨씬 더 중요했다. 하나님과 이스라엘 백성 간 계약 관계의 표징으로 삼을 정도였다. 지금도 경건한 유대인들이 한결같이 하는 말이 있다. 유대인이 안식일을 지킨 것이 아니라 안식일이 유대인을 지켰다고⋯ 안식일은 우여곡절의 지난한 고난사에서 민족을 지켜낸 뒷심으로 이해되었다.

 안식일의 기본 정신은 말 그대로 안식이다. 안식일을 영적으로 이해한다고 하더라도 육체의 쉼을 전제로 하고서야 비로소 논의가 가능하다. 안식일을 지키지 않는 사람은 죽이라고 할 만큼 일주일에 하루 쉬는 것이 하나님의 백성들에게 특별했다. 하나님을 믿고 몸을 쉬지 않는 사람은 죽이라는 말씀이다. 예수님은, 안식일이 사람을 위하여 있는 것이지 사람이 안식일을 위하여 있는 것이 아니라고 하셨다. 안식일이 전적으로 인간을 위한 배려로 주어졌다는 말씀이다. 아브라함 헤셸은 안식일이 문명의 문제를 푸는 열쇠임을 간파했다. 쉼은 문명의 폐해에서 벗어나도록 하나님이 인간을 위하여 강제하신 복이다.

신앙의 과학

공명은 진동수가 같은 물체끼리 서로 소리가 전달되는 현상이다. 주파수가 같으면 눈에 보이지 않는 에너지가 이동된다. 실로폰 두 대를 나란히 놓고 한 실로폰을 연주하면 다른 실로폰이 정확하게 같은 음을 내며 따라서 울린다. 주님께 주파수를 맞추어야 주님 뜻이 우리 생각이 되고 주님 가슴이 뛸 때 우리 가슴도 덩달아 뜨거워질텐데, 주님과 같은 진동수를 가진다는 게 무엇일까.

우리가 어떤 물체를 빨간색으로 인식하는 것은 그 물체가 빨간색을 지니고 있어서가 아니다. 빨간색을 내어놓기 때문이다. 물체의 색은 지닌 것으로가 아니라 내어놓는 것으로 규정된다. 부자는 가진 것이 많은 사람이 아니라 주는 것이 많은 사람이다. 줄 때 부자다. 그리스도인은 세상의 소금, 세상의 빛이다. 그리스도인은 세상에 대해 무엇인 존재이다. 하나님의 사람은 지닌 것으로 규정되지 않고 세상에 내어놓는 것으로 판단된다.

가끔 충만

바울은 교회를 하나님 충만이라고 했다. 교회는 "만물 안에서 만물을 충만하게 하시는 이의 충만함"이다. 와우… 성숙한 성도는 그의 존재가 하나님으로 꽉 찬 사람이다. 하나님의 영으로 충만한 사람이다. 성령 충만은 하나님 충만이다. 하나님의 뜻이 내 생각이 되고, 하나님의 마음이 내 정서가 되고, 하나님이 바라시는 바가 그대로 내 삶의 소원인 상태가 성령 충만이다. 하나님이 말씀하시면, 제 생각도 그렇습니다, 하나님… 하나님이 좋다 하시는 것을 나도 좋아하고, 하나님이 싫어하시는 것을 진저리치며 혐오한다. 하나님이 기대하시는 삶을 향하여 평생 소원의 각오가 스러지지 않는 사람이다. 어느 목사 말마따나 성도는 항상 성령 충만하고 더러 안 충만 덜 충만해야 하는데, 아주 가끔 충만한 것이 안타깝고 부끄럽다.

너나 잘하세요

　설교는 한 인격을 통해 전달되는 하나님의 말씀이다. 매체가 곧 메시지라는 말이 있듯이 같은 말씀이라도 전하는 이에 따라 영향력이 달라진다. 자신의 삶이 따르지 못하는 말씀을 전할 때는 설교에 힘이 없고 그야말로 죽을 맛이다. 설교자가 받는 벌이다. 그렇다고 해서 자기가 얼추 실천한 말씀만 전하기로 한다면 매주 설교하는 일이 불가능한 것은 물론이고, 한 교회에서 일 년도 목회하지 못하게 될 것이다. 더군다나 목회자가 자기 삶에서 실현한 말씀만 전하면 성도들의 신앙 세계가 얼마나 협소하겠는가. 설교는 설교자와 회중이 함께 경청하는 하나님의 말씀이다. 그래도 민망하다.

　한 여인이 자기 아들을 데리고 간디를 찾아갔다. 사탕을 먹지 말라고 이야기해 달라고 부탁했다. 한 달 뒤에 다시 오라고 했다. 다시 찾은 아이에게 간디가 말했다. "얘야, 사탕을 많이 먹지 말아라." 왜 한 달 전에 그 얘기를 하지 않았는지 여인이 물었다. "그때는 제가 사탕을 먹고 있었거든요." 삶과 거리가 있는 말씀을 전할 때는 다만 한 달이라도 말씀대로 살아보고 설교했더라면 좋을 뻔했다. 어영부영 은퇴 무렵이 되었으니 어쩌겠는가. 하던 대로 뻔뻔하게 설교하다가 서둘러 물러나는 수밖에…

명장면

　힘이 있을 때나 힘을 잃고 곤경에 빠졌을 때 사람됨이 적나라하게 드러난다. 요셉이 애굽의 총리가 된 뒤에 식량을 구하러 온 형제들에게 자기 신분을 밝히는 장면이다. "나는 당신들의 아우 요셉이니 당신들이 애굽에 판 자라." 형들은 거의 실신 지경이었다. 요셉이 말을 이었다. "당신들이 나를 이곳에 팔았다고 해서 근심하지 마소서. 한탄하지 마소서. 하나님이 생명을 구원하시려고 나를 당신들보다 먼저 보내셨나이다." 높은 자리에서 막강한 힘을 행사할 수 있을 때 요셉은 하나님의 주권을 인정하며 원수 같은 형들을 너그러이 받아들였다. "나를 이리로 보낸 이는 당신들이 아니요 하나님이시라." 이쯤 돼야 '삶은 해석'이라 말할 수 있다. 구약성경의 명장면이다.

　다윗이 잘난 아들 압살롬의 반역으로 황급히 왕궁을 떠나 머리를 가리고 맨발로 울며 피난 길에 올랐을 때다. 사울의 친족 시므이가 일행을 따라오며 다윗을 저주했다. 장군 아비새가 그를 베러 가겠다는 것을 다윗이 만류했다. "내 몸에서 난 아들도 내 생명을 해하려 하거든 하물며 이 베냐민 사람이랴. 여호와께서 그에게 명령하신 것이니 그가 저주하게 버려두라." 속을 뒤집어 놓은 사람 하나 목 베고 가는 건 일도 아니었을 텐데 다윗의 처사가 실로 대단하다. 참으로 곤고할 때 감정에 휘둘리지 않고 하나님의 주권을 인정했다. 시므이는 계속해서 먼지를 날리며 돌을 던질 수 있었다. 또 하나의 명장면이다. 된사람은 삶이 우뚝할 때도 멋있고, 삶이 처절하게 무너져도 품위가 있다.

말씀이 삶을 꿰뚫고

아큐정전의 작가 루쉰의 말이다. "혁명문학의 근본 문제는 작가가 한 사람의 혁명가냐 아니냐에 달려 있다. 작가가 혁명가라면 어떤 사건을 쓰든, 어떤 소재를 사용하든 모두 혁명문학이다. 분수에서 나오는 것은 모두 물이요, 혈관에서 나오는 것은 모두 피다."

소설가 김훈이 여기저기에 썼던 글들을 묶어내며 책머리에 이렇게 적었다. "나는 내 말이 눈물이나 고름처럼 내 몸에서 흘러나오는 액즙이기를 바랐다. 그 분비물로 보편적 진실을 말하려는 허영심이 나에게는 없다. 나는 그 진물이 내 몸의 일부이기만을 바랐다."

선지자 호세아는 하나님의 분부대로 음란한 여인을 아내로 삼았다. 하나님은 호세아의 삶을 통해 이스라엘 백성에게 말씀하셨다. 그의 삶은 숫제 하나님의 말씀이었다. 나는 하나님의 말씀이 그리스도인의 삶을 관통하여 사람들에게 보편적 진리로 드러나기를 바란다. 허영인가.

이끌기와 따라가기

모세가 죽은 후 여호수아가 이스라엘 백성을 이끌고 가나안에 들어갈 책임을 맡았다. 요단강을 건너기 전에 그가 백성에게 명령하였다. 이천 규빗 (구백 미터) 간격을 두고 언약궤를 멘 제사장들을 따르라고 했다. 그 간격이 시사하는 바가 크다. 맨눈으로 무리 없이 식별할 수 있는 최대 거리였을 것이다. 지도자는 따르는 자들의 시야에서 벗어나지 않을 만큼만 앞장서 걸어야 한다. 리더십은 간격과 신뢰를 전제로 한다. 그 차이는 이해 범위만큼이거나 신뢰만큼이어야 한다. 지도자는 회중의 수용 가능성을 염두에 두고 하나님이 지시하시는 방향으로 회중에 앞서 걸어가야 한다. 너무 가까워도 안 되고 너무 벌어져도 안 된다. 황새 지도자가 내처 자기 걸음을 고집하면 뱁새 회중 가랑이만 상한다. 너무 딱 붙어가면 지도자가 아니다. 그게 더 심각한 문제다. 이끌어야 할 회중과 별로 다르지 않은 것이 너무 다른 것보다 더 큰 문제다.

해답은 하나다

몇 해 전 가수 마돈나의 연 수입이 전 세계 연예인 중 1위였다. 인기가 아직도 대단하다는 말이다. 그런 사람도 인생이 두렵기는 마찬가지다. 1991년 인터뷰에서 이렇게 말했다. "내 평생의 목표는 끔찍한 열등감을 극복하는 것이었다. 나는 항상 이런 두려움에 시달리고 있다. 대단한 사람이 되었지만 내가 대단한 사람이라는 사실을 증명해 보이는 일은 여전히 남아있다. 내 두려움은 아직 사라지지 않았다. 아마 평생 사라지지 않을 것이다." 어려서부터 남의 이목을 아랑곳하지 않고 거리낌 없이 튀는 행동을 일삼던 사람에게서 기대하기 어려운 고백이다. 누구나 인생이 두렵다. 무엇보다도 먹고사는 일이 두려운 상황이 되면 인생이 퍽 힘들어진다.

성경은 삼백예순 다섯 번에 걸쳐서 "두려워하지 말라"고 말한다. 그 말씀이 주어진 상황은 예외 없이 두려워해야 마땅한 형편이다. 어떻게 두려워하지 않을 수 있는가. "두려워하지 말라. 내가 너와 함께 함이라. 놀라지 말라. 나는 네 하나님이 됨이라." 두려워하거나 놀라지 말라 하심은 우리가 맞닥뜨린 삶의 형편이 만만해서가 아니다. 그분이 우리 하나님 되셔서 우리와 함께하시니 두려워하지 말고 놀라지 말라는 거다. 우리가 살면서 경험하는 온갖 문제에 대한 유일하게 공통적인 답은 "하나님의 함께 하심"이다. 하나님을 믿으면, 문제가 복잡해도 답은 간단하다.

사차원적 인간

사차원은 공간에 시간을 더한 개념이다. 생각이나 행동이 엉뚱해서 이해하기 어려운 사람을 사차원적이라고 하는 쓰임새가 있듯이, 시간이 더해지면 일이 복잡해진다. 과학자들은 시간 개념을 도입하면서 오히려 공간에서 일어나는 현상에 대한 이해가 훨씬 더 선명해졌다고 한다. 과학에 무심한 사람도 시간에 관심을 두면 삶에 대한 이해가 더 분명해지고 성숙해질 것이다. 사람들은 대체로 공간에 신경을 쓰고, 더 많은 공간을 확보하려고 한다. 큰 집, 좋은 차, 영향력이 두루 미치는 지위 같은 것들이다. 그러나, 인간이 확보한 공간은 시간이 허락되는 한에서만 의미가 있다. 공간성은 시간성의 제한을 받는다.

누가복음에 나오는 어리석은 부자는 공간 확보에 성공한 사람이었다. 농사가 잘되었고, 더 큰 창고를 지었다. "여러 해 쓸 물건을 많이 쌓아 두었으니 평안히 쉬고 먹고 마시고 즐거워하자." 하나님이 뜻밖의 말씀을 하셨다. "어리석은 자여. 오늘 밤에 네 영혼을 도로 찾으리니 그러면 네 준비한 것이 누구의 것이 되겠느냐?" 시간을 들어내면 공간이 무너진다. 한 사람에게서 시간을 빼앗으면 그의 세계가 일시에 무너진다. 눈을 감으면 모든 것이 시야에서 단번에 사라지는 것처럼. 공간을 생각할 때는 시간을 아울러 염두에 두어야 한다. 좋은 의미의 사차원적 인간이다.

찰떡같이 알아듣는다

　옛날 어른들이 "개떡같이 말해도 찰떡같이 알아듣는다."고 말하는 것을 들은 기억이 있다. 말은 본래 대강 말해도 통하게 되어 있다. 주어와 술어가 상응하지 않는 비문이거나 말의 쓰임새가 정확하지 않아도 의사 전달이 가능하다. 말 안 되는 말도 말이 된다는 말이다. 언어의 잉여성이다. 언어는 원래 품이 넉넉해서 표현이 조금 모자라도 소통에는 크게 지장이 없다. 잉여성은 다른 말로 융통성이다. 언어에 잉여성이 없다면, 문법적으로 정확하게 표현되지 않은 말은 전달되지 않을 것이고, 말을 하거나 들을 때마다 신경을 곤두세워야 할 것이다. 언어생활만으로도 인생이 피곤해서 견디지 못한다. 말은 이렇듯 태생적으로 대강 말해도 소통 가능한 것인데, 요즈음은 정확하게 표현된 말도 상대에게 제대로 전달되지 않는 경우가 많다. 호의적으로 말을 접수하지 않기 때문이다. 말은 문법으로 주고받는 것이 아니라 마음으로 주고받도록 설계되었다.
　바벨탑을 쌓던 사람들의 오만 때문에 하나님이 그들의 언어를 혼잡하게 하셔서 서로 말을 알아들을 수 없게 되었다. 오만에서 비롯된 불통이다. 그러던 것이 주님 승천 이후에 성령이 오시면서 언어 소통에 놀라운 일이 일어났다. 여러 지역에서 온 사람들이 사도들의 말을 각각 자기들의 언어로 알아들었다. 신약시대 성령은 가장 먼저 소통의 기적으로 나타났다. 성령이 개입하시면 전혀 알아들을 수 없는 말도 서로 알아듣게 된다. 남이 알아듣지 못하는 방언을 말하는 것보다 더 대단한 것은 무슨 말을 해도 알아듣는 방언을 주고 받는 것이다.

머리가 모르면 몸이 알게 하라

신앙은 대개 논리적이고 더러는 비논리적이다. 논리를 넘어선다. 하나님을 알지 못하는 사람에게는 비논리이고, 믿음이 있는 사람에게는 초논리다. 신앙은 상식 너머에 걸쳐 있다. 세상 사람에게는 몰상식이지만, 그리스도인에게는 초상식이다. 상식으로 이해되지 않는 말씀을 믿고 따르면 비로소 말씀 이해의 길이 열린다. "나는 알기 위하여 믿는다"는 중세 신학자 안셀름의 말이 그것이다. 어거스틴도 이미 "믿으면 이해할 수 있다"고 말한 바 있다. 그렇게 이해된 믿음은 장차 믿음의 상식이 된다.

예수님이 자기를 믿은 유대인들에게 말씀하셨다. "너희가 내 말에 거하면 참 내 제자가 되고 진리를 알지니 진리가 너희를 자유롭게 하리라." 말씀을 따라 제자의 삶을 살면 진리를 알게 된다. 아는 것을 사는 것이 일반적인 순서라면, 살면 알게 된다는 것은 신앙세계의 순서다. 아는 것은 그냥 살면 되고, 머리로 알지 못하는 것은 몸으로 살아서 알아야 한다. 머리로는 성경의 진리를 다 이해하지 못한다.

기도의 능력과 즐거움을 알게 하소서

신학생 대여섯 명이 왜관에 있는 분도 수도원에서 며칠을 지냈다. 기억에 남는 두 장면이 있다. 비슷한 또래의 수사들과 잔디밭에 둘러앉아서 이런저런 이야기를 나누었다. 수도원 생활 중 언제가 가장 좋으냐고 물었다. 한 사람이 웃으며 대답했다. 밥 먹을 때가 가장 즐겁다고…. 기도할 때라고 말하지 않아서 좋았다. 다른 자리에서 나이 많은 고참 수녀님이 말했다. 수도원에 들어와서 첫해, 기도하는 것이 가장 힘들었다. 기도하는데 아무리 해도 시간이 가지 않아서 "어떻게 여기서 이렇게 평생을 사나?" 싶었다. 그런데 지금은 기도하는 게 가장 좋다고, 세상에 기도하는 시간보다 즐거운 시간이 없다고 했다. 그 말을 들어서 좋았다.

예수님이 제자들에게 말씀하셨다. "내가 떠나가면 내가 하던 일을 너희도 할 것이고, 내가 하던 일보다 더 큰 일을 하게 될 것이다. 내 이름으로 구하라. 내가 행하리라." 기도하면 나의 수고를 통해 주님이 친히 일하신다. 능력 범위 바깥에 있는 일이 가능해진다. 기도에는 능력이 있다. 기도의 능력을 아는 것보다 기도의 즐거움을 아는 것이 윗길이다. 기도는 신앙적인 일 처리 너머에 있는 친교이다.

구교와 신교 차이

　이민 생활 초기에 영어를 배우느라고 커뮤니티 칼리지에 잠깐 다녔다. 같은 반에 수녀님이 계셨다. 천주교회가 개신교회의 헌금에 크게 못 미친다고 말하며 교회 성도들은 그 방면의 헌신이 대단하다고 했다. 개신교에서 건너온 할머니에게 연유를 물으니 "성당이 싸게 먹혀요." 했다는 어느 신부의 말이 있는 걸 보면 그게 사실인가 보다. 옛날에는 신부 권위가 대단했는데 요즈음은 가끔 신부에게 대드는 젊은이가 있다고 했다. 그러면 연세 드신 수녀가 조용히 불러서 이렇게 야단친다고 한다. "여기가 무슨 개신교회인 줄 알아?" 교회에서는 목사에게 덤벼도 된다. 단, 헌금을 많이 해야 한다. 그래야 그 수녀님이 생각하는 개신교회이다. 그렇지 않으면 이도 저도 아니다.

교회가 다시 잘될 수 있을까

　요한은 그의 편지에서 신앙생활을 "예수 믿고 서로 사랑하는 것"이라고 요약했다. 기독교는 하나님의 사랑을 덧입은 사람들이 서로 사랑하는 종교이다. 바울도 "남을 사랑하는 자는 율법을 다 이루었다"고 잘라 말했다. 주님은 세상을 떠나시기 전에 "너희가 서로 사랑하면 이로써 모든 사람이 너희가 내 제자인 줄 알리라."고 말씀하셨다. 제자됨의 가장 분명한 표지는 서로 사랑하는 것이다.

　2세기 교부 터툴리안 때에 그리스도인들은 똑같은 말로 전도를 시작했다. "당신은 그리스도인들처럼 서로 사랑하는 사람들을 보신 일이 있으십니까?" 요새 그랬다가는 이런 답이 돌아올지 모른다. "나는 교인들처럼 별것 아닌 일로 그렇게 끈질기게 싸우는 사람들을 본 일이 없습니다." 교회가 교회답지 못하게 된 원인을 먼저, 성도간 사랑 부족에서 찾아야 한다. 처음 출현한 1세기 예루살렘교회가 급성장한 데에는 성도들의 뜨거운 사랑을 목격한 세상 사람들의 바람이 크게 한몫했을 것이다. "나도 저 무리에 끼어 한데 어울리고 싶다." 서로 사랑하는 증인들을 통해 세상이 그리스도에게 끌린다.

천만다행이다

　주님이 제자들에게 가르쳐 주신 기도는 '하늘에 계신 아버지'를 부르는 것으로 시작된다. 부름 자체로 신앙고백이고, 기도 응답의 근거이다. '하늘' 아버지는 이 땅의 아버지와 구별하는 뜻이 있겠으나, 그보다는 하나님의 초월성을 고백하는 것으로 보아야 한다. 초월은 다른 말로 능력이다. 하나님은 천지를 지어내실 만큼 능력 있는 분이시다. '아버지'는 하나님과 우리 사이가 얼마나 친밀한 관계인지를 나타낸다. 이렇게 사랑과 능력이 공존할 때 기도의 실효성이 확보된다. 사랑하지만 능력이 없다면 그 사랑이 실질적일 수 없고, 능력이 있는데 원수지간이라면 능력의 크기만큼 내게 재앙이 될 것이다. 천지를 지어내실 만큼 능력 있으신 하나님이 아들을 십자가에 내어 주실 만큼 우리를 사랑하셔서 우리 기도를 들어 주신다. 기도할 수 있어서 천만다행이다.

쿨한 사이

그 옛날 그리스도인들은 주님 때문에 죽는 것을 대단한 영예로 알았다. 오죽하면 일부러 순교하려고 한 것은 아닌지를 심사하는 제도가 교회에 있었겠는가. 버가모에서 그리스도인들이 총독의 법정에 소환되었다. 총독이 물었다. "당신의 이름은 무엇인가?" 카르푸스가 대답했다. "내가 제일로 여기는 나의 이름은 그리스도인입니다. 그러나 당신이 나의 세상 이름을 알고 싶어 한다면 카르푸스라고 말씀드리겠습니다." 사형이 선고될 때에 그들은 한결같이 "하나님 감사합니다."라고 말했다. 인간을 위해 신이 죽고 그 신을 위해 죽는 것을 무상의 영광으로 여기는 사람들의 종교, 서로를 위해 기꺼이 죽으려고 하는 이들의 결합은 얼마나 서늘하게 근사한가. 오늘은 그 하나님이 세상에 오신 날이다.

사람은 무엇으로 사는가

　버스를 타면 "오늘도 무사히", 무릎 꿇고 손 모아 기도하는 어린 사무엘이 있었다. 이발소에는 "인생이 그대를 속일지라도 슬퍼하거나 노하지 말라" 푸쉬킨과 "겨울이 오면 봄도 멀지 않으리" 셸리 액자가 대세였다. 어쩌다가 러시아와 영국의 시인이 전국적으로 한국 남자들을 위로하고 나서게 됐는지 잘 모르겠다. 이른 아침 다방에서 커피에 달걀노른자를 띄워 주며 모닝커피라고 하던 시절이었다. 교인 가정에는 "믿음 소망 사랑"이 가장 흔한 장식물이었다.

　"믿음 소망 사랑 이 세 가지는 항상 있을 것인데 그 중의 제일은 사랑이라." 그리스도인은 언제나 어떤 형편에서든지 믿고 소망하고 사랑하는 사람이다. 신앙적인 삶을 어떻게 단 세 마디 말로 짚어낼 수 있는지 놀랍다. 우리 삶은 믿음 때문에 든든하고, 소망 때문에 살 만하고, 사랑 때문에 실하다. 믿음 소망 사랑은 과거, 미래, 현재와 관련된 대표적인 상황 표현이다. 사랑은 그리스도인에게 믿음과 소망 사이의 현실이다.

어느덧 마지막 날이다

말년에 후회 없는 인생은 있을지 몰라도 회고 없는 인생은 좀처럼 없다. 하지만 너무 늦은 후회는 쓸모가 없다. 그저 회한으로 남을 뿐이다. 후회를 앞당기면 요긴한 성찰이 된다. 죽음을 코앞에 둔 순간에 아쉬워할 만한 것들을 현재의 삶에 비추어 보는 종말론적 사고가 필요하다. 마지막에 관한 생각은 현재의 삶에 무게 중심이 놓일 때 제대로 된 의미를 얻는다. 죽음의 순간에 값지게 여겨질 것들을 진행 중인 삶의 한복판으로 끌어 와야 한다. 미래로부터 현재를 살아내는 일을 거르면 후회막급한 인생을 면하지 못한다.

빼앗긴 들에 봄이 오듯이 난리 통에도 답답한 시간이 흘러 어느덧 한 해의 마지막 날이다. 중병에서 간신히 놓여나 갓 퇴원한 사람의 심정으로, 하늘 호출이 몇 년 미루어진 사람의 정서로 새해를 한껏 신선하게 살아야겠다.

브니엘의 아침

타향살이 이십 년
귀향은 기대만큼이나 두려운 일
짧지 않은 세월이 형의 앙심을 삭이기에도
넉넉한지 알 수 없었다
식솔들, 얍복 시내를 건네고
홀로 남아 밤이 깊었다
축복 외에 기댈 데 없는 다급한 인생
하나님을 대면하고 허벅지 뼈가 어긋났다
그 사이에 날이 밝았다
다리를 절며 남은 길을 떠났다
내 이름은 야곱
세상은 에서였다

그래도 주님이 은혜 베푸시는 곳

　베데스다는 긍휼의 집이었다. 천사가 내려와 휘저은 물에 먼저 뛰어들면 어떤 병이든 나았다. 삼십 팔 년 병이 깊어 거동이 어려운 환자에게 은총은 언제나 남의 일이었다. 세상살이에서 뼈저리게 경험한 선착순의 작동 방식이 예외 없이 적용되는 허울 좋은 자비의 집, 은혜를 내세우며 삶의 원리가 세상과 다르지 않은 곳, 요즈음의 교회 아닐까. 주님은 거기서 은혜가 절실한 사람을 만나 주셨다. 그가 기대하지 못한 방식으로 긍휼을 얻어 고질적인 문제가 해결되었다. 거기가 교회다.

답을 알면 뭐 하나

물 위를 걷는 것과 사랑하는 것 중에 어느 것이 더 도가 깊은 일인가? 그리스도인들이 시험을 치르면 후자를 선택할 가능성이 크다. 정답이다. 산을 옮길 만한 믿음이 있어도 사랑이 없으면 아무것도 아니라는 것을 들어서 익히 알고 있기 때문이다. 사랑이 영성이다. 그러나, 정말로 그렇게 생각하는 사람은 많지 않다. 아는 것과 정말로 그렇게 생각하며 사는 것은 다른 일이다. 평생을 수련하여 마침내 물 위를 걷게 된 사람에게 눈 밝은 사람이 그랬다지 않은가. "쯧쯧… 돈 몇 푼 내고 배 타면 되는 것을…." 그리스도인이여, 적은 돈으로 강을 건너고 당신은 다만 사랑에 힘쓰라. 마지막 문장을 사족이라고 한다.

살 만큼 살다가

살아도 되고 죽어도 그만이다.
죽은 자와 산 자의 주님 되시기 위해
예수님이 십자가에 죽으시고 다시 사셨다.
바울의 표현을 빌리면, 그리스도인은
삶과 죽음 사이에 끼어 있다.
둘 다 좋아서 삶과 죽음을 두고 선택이 어렵다니
인생이 얼마나 홀가분한가.
예수쟁이들은 살 만큼 살다가 죽으면 된다.
살 만큼은 죽을 때만큼이다.

현재의 눈으로 과거를 보다

역사가에게 현재주의는 항시 경계해야 할 적이다. 검토 없이 사고의 전제로 삼는 것들이 시대와 무관하게 두루 통하는 것이 아니기 때문이다. 누가 그걸 모르겠는가. 우리 사고를 삐걱거리게 할 만큼 그런 사례가 많다는 게 문제다. 그중에는 너무 당연해 보여서 절대로 검토 대상이 될 수 없는 게 포함되어 있다. 그런 위험에 눈 감은 것이 현재주의다. 역사는 과거와 현재의 대화라는 E.H.카의 말처럼 과거사의 의미를 현재에 불러올 때, 현재의 시각에서 완전히 벗어나기는 어렵다. 현재의 눈으로 과거를 잘못 들여다보기 쉽다.

현재주의는 성경의 가르침을 진의대로 깨달아 아는 데에도 장애가 된다. 아브라함이 기근을 피해 애굽에 내려갔을 때, 미모의 아내 때문에 안위를 걱정한 나머지 아내를 누이라고 했다. 이를 두고 하나님께서 비겁한 신앙 위인을 지켜 주셨다고 설교한 일이 있다. 고대사회에서 고향을 떠나 낯선 곳에 가는 것이 얼마나 위험하고 두려운 일인지 실감하지 못한 탓이다. 예수님 당시에 영아 살해는 오래 전부터 소크라테스나 플라톤 같은 철학자들의 지지를 받을 만큼 당연한 일이었다. 여아나 허약한 아이가 태어나면 빈번히 죽였다. 어린아이가 지금과 같은 대우를 받는 것은 꿈도 꾸지 못할 일이었다. 주님은 아이들을 우대하며 접근을 허용하셨다. 천국이 그들의 것이라고 하셨다. 혁명적인 가르침이다.

그 하나는 무엇일까

불가의 화두.
생각의 실마리 하나를 붙들고 늘어져
인생을 관통하겠다는 발상이 대단하다.
이 세상에서 저세상까지 꿰뚫는
기독교적인 생각 한 자락은 무엇일까.
문득 깨닫고 점차 닦아 가야 할 마음은 무엇일까.
수학의 소수처럼 무엇으로도 나뉘지 않을
정수(진액)는 무엇일까.
내가 붙잡았으나 마침내 나를 사로잡을 진리는 무엇일까.
바깥에서 세상을 꽉 채우다가 내 안으로 들어온 것,
진리는 누구에게나 무엇인 게 아니라
내게 절절히 무엇이어야 한다.

강해서가 아니다

　잡초는 약한 식물이다. 아스팔트 틈새로 잡초가 자라는 것은 강인해서가 아니다. 강한 식물들과의 경쟁을 피해 이상한 곳에 자리 잡았을 뿐이다. 이렇듯 사는 게 팍팍한 잡초가 식물 제일의 임무인 자손 남기기 열정에서는 그 어떤 식물과도 견줄 수 없게 대단하다. 아무리 열악한 환경도 씨앗 만들기 일념을 흔들지 못한다. 어떻게 해서든지 적게라도 씨앗을 만든다. 환경이 좋으면 씨앗을 가능한 한 많이 생산한다. 그리고 그 씨앗을 가까이, 멀리 옮길 시스템을 가지고 있다. 자기가 몸 붙여 사는 곳이 언제 더 열악한 환경이 되어 생존을 위협할지 모르기 때문이다. 집안이 한꺼번에 망해서 씨앗을 퍼뜨리지 못하게 되는 것은 잡초 가문에 있을 수 없는 일이다. 선교 열정이 뜨거운 성숙한 그리스도인과 닮았다.

견디지 말자

초판 인쇄일 | 2021년 12월 10일
재판 발행일 | 2022년 5월 6일

지 은 이　허봉기
　　　　　email : bongkhuh@gmail.com
펴 낸 곳　코람데오
등　　록　제300-2009-169호
주　　소　서울시 종로구 세종대로 23길 54, 1006호
전　　화　02)2264-3650~1, 010-5415-3650
　　　　　FAX. 02)2264-3652
　　　　　email: soho3650@naver.com

ISBN | 979-11-92191-00-3 03230

값 12,000원

※ 잘못된 책은 바꾸어 드립니다.